Zouhaier Ben Rabah

Démixage spectral d'image hyperspectrale et fusion de connaissances

AF198525

Zouhaier Ben Rabah

Démixage spectral d'image hyperspectrale et fusion de connaissances

Approche d'analyse et d'interprétation d'images hyperspectrales basée sur la fusion possibiliste des connaissances

Presses Académiques Francophones

Impressum / Mentions légales
Bibliografische Information der Deutschen Nationalbibliothek: Die Deutsche Nationalbibliothek verzeichnet diese Publikation in der Deutschen Nationalbibliografie; detaillierte bibliografische Daten sind im Internet über http://dnb.d-nb.de abrufbar.
Alle in diesem Buch genannten Marken und Produktnamen unterliegen warenzeichen-, marken- oder patentrechtlichem Schutz bzw. sind Warenzeichen oder eingetragene Warenzeichen der jeweiligen Inhaber. Die Wiedergabe von Marken, Produktnamen, Gebrauchsnamen, Handelsnamen, Warenbezeichnungen u.s.w. in diesem Werk berechtigt auch ohne besondere Kennzeichnung nicht zu der Annahme, dass solche Namen im Sinne der Warenzeichen- und Markenschutzgesetzgebung als frei zu betrachten wären und daher von jedermann benutzt werden dürften.

Information bibliographique publiée par la Deutsche Nationalbibliothek: La Deutsche Nationalbibliothek inscrit cette publication à la Deutsche Nationalbibliografie; des données bibliographiques détaillées sont disponibles sur internet à l'adresse http://dnb.d-nb.de.
Toutes marques et noms de produits mentionnés dans ce livre demeurent sous la protection des marques, des marques déposées et des brevets, et sont des marques ou des marques déposées de leurs détenteurs respectifs. L'utilisation des marques, noms de produits, noms communs, noms commerciaux, descriptions de produits, etc, même sans qu'ils soient mentionnés de façon particulière dans ce livre ne signifie en aucune façon que ces noms peuvent être utilisés sans restriction à l'égard de la législation pour la protection des marques et des marques déposées et pourraient donc être utilisés par quiconque.

Coverbild / Photo de couverture: www.ingimage.com

Verlag / Editeur:
Presses Académiques Francophones
ist ein Imprint der / est une marque déposée de
AV Akademikerverlag GmbH & Co. KG
Heinrich-Böcking-Str. 6-8, 66121 Saarbrücken, Deutschland / Allemagne
Email: info@presses-academiques.com

Herstellung: siehe letzte Seite /
Impression: voir la dernière page
ISBN: 978-3-8381-7939-1

UNIVERSITE DE LA MANNOUBA

UNIVERSITE DE RENNES I

Ecole Nationale des Sciences
de l'Informatique

Télécom Bretagne

THESE

Présentée pour l'obtention du Diplôme de Doctorat en Informatique

Par

Zouhaier BEN RABAH

Sujet

Démixage spectral d'images hyperspectrales et fusion possibiliste des connaissances : Application à l'érosion hydrique

Réalisé au sein du

Et

Laboratoire RIADI

**Laboratoire de Recherche
en Génies Documentiel et Logiciel**

**Département Image et Traitement
de l'Information**

Sous la co-direction de

Mr Basel SOLAIMAN Professeur
Mr Imed Riadh FARAH M. de conf. HDR

Soutenu à Télécom Bretagne le 09 Septembre 2011

Composition du jury

Président	: Mireille Garreau	Professeur à l'Université de Rennes1
Rapporteurs	: Jean Paul HATON	Professeur au laboratoire Loria
	: Kamel HAMROUNI	Maitre de conférences à l'ENIT
Directeurs de thèse	: Imed Riadh FARAH	Maitre de conférences à l'ISAMM
	: Basel SOLAIMAN	Professeur à Télécom Bretagne
Examinateur	: Ali KHENCHAF	Professeur à l'ENSTA Bretagne

Résumé. Ce travail vise à développer un système intelligent d'interprétation d'images hyperspectrales basé sur une approche possibiliste de fusion de connaissances adapté aux contextes de gestion de risques naturels. L'application de cette théorie à la classification d'images permet l'affectation de chaque pixel de l'image à une classe prédéfinie en se basant sur l'apprentissage des fonctions d'appartenance et des règles floues.

A partir de l'étude des spécificités des images hyperspectrales, une approche d'analyse spectrale est proposée pour l'extraction de l'information utile au niveau sous-pixellaire. Ce type d'image est connu par son énorme volume de données qui engendre des temps de calcul importants. Toutefois, ces données sont caractérisées par une forte corrélation inter-bandes. Par conséquent, les données originales peuvent être approximées par un nombre de dimension très réduit. Ainsi, nous avons proposé en premier lieu une approche de réduction de la dimensionnalité basée sur l'Analyse en Composantes Indépendantes (ACI). En deuxième lieu, nous avons proposé une méthode de démixage spectrale basée sur un modèle de mélange linéaire et les mesures d'angle spectral (SAM). L'avantage de cette méthode réside dans sa capacité de tirer profit des propriétés géométriques de la technique SAM pour la quantification de l'abondance, réduisant ainsi, sensiblement les erreurs de changement d'illumination causées, principalement, par la nature géographique du sol. Un autre apport consiste à proposer une approche d'interprétation des résultats post démixage spectral basée sur un modèle neuro-flou, en exploitant les aspects complémentaire des réseaux de neurones pour la généricité du modèle et la logique floue pour son interprétabilité. L'architecture de notre système a été fondée sur l'enchaînement d'étapes qui conduisent à l'estimation des cartes d'abondance combinées et opérant avec l'utilisation de connaissances externes pour la production d'une carte de risque naturel, pour d'éventuelles mesures préventives et protectrices. Nos expérimentations et comparaisons montrent des taux de classification assez satisfaisants pour notre approche proposée.

Mots clés. Théorie possibiliste, réseau de neurones, image hyperspectrale, interprétation des images spatiales, érodibilité hydrique, fusion de connaissances et télédétection.

Abstract. This thesis aims to develop a hyperspectral interpretation system based on neural network and fuzzy set and adapted to the context of natural risk management. Applications of this theory to image classification result in the assignment of each image pixel to a class based on the membership functions and fuzzy rules learning. From the study of the specific feature of the hyperspectral images, spectral analysis approach is proposed to extract the useful information at sub-pixel level. It is well known that hyperspectral image typically present a massive amount of data that leads to significant computation time. However these data present a strong correlation between bands then, the original data may be approximated by a smaller number of dimensions. Thus, we first proposed an approach to dimensionality reduction based on the Independent Components Analyze (ICA). Secondly, we proposed a new spectral unmixing method based on Linear Mixing Model (LMM) and Spectral Angle Measure (SAM). The major benefit of this method is its capability to take advantage of the geometric properties of the SAM technique for abundance quantification. Thus, a significant reduction in spectral unmixed error corresponding to the spectral similarity within-class confusion is obtained. Another contribution is the proposal of an approach to interpreting the spectral unmixing results based on neuro-fuzzy model using complementary aspects of the neuronal network for generic model and the fuzzy logic for its interpretability. Our system architecture is based on the sequence of steps leading to abundance maps estimation and operates with integration of external knowledge to product natural risk map for possible preventive and protective measures. Our experiments and comparisons with other methods shows quite satisfactory classification rate of our proposed approach.

Keywords. Possibilistic theory, neuronal network, hyperspectral image, spatial images interpretation, water erodibility, knowledge fusion, Remote sensing.

Table des matières

Liste des figures

Liste des tableaux

Introduction générale

1.1   Contexte et motivations

Le milieu dans lequel évolue l'humanité est soumis à des perturbations s'exerçant sur des échelles de temps et d'espace très variables, pouvant conduire à des déséquilibres importants de la biosphère et à des évolutions catastrophiques, létales ou incapacitantes pour les populations, ou simplement coûteuses en terme de biens matériels. Ainsi, deux termes récurrents envahissent depuis quelques temps la littérature scientifique, les programmes et projets de recherche, les exposés et les conversations dans le domaine de l'environnement. Ce sont « Télédétection » et « Modélisation de connaissances ».

On assiste, de nos jours, à une demande de plus en plus urgente, pour considérer la maîtrise du risque et de son évolution comme l'une des priorités majeures des états aujourd'hui. Elle doit pour cela s'appuyer sur des outils prospectifs permettant une estimation précise des dangers potentiels. Cependant, la cartographie et la gestion des risques sont essentiellement effectuées par interprétation d'images avec un apport de mesures terrain. Cette procédure est un travail long, couteux et demande à être ré-effectué périodiquement. En fait, une acquisition entièrement manuelle et complète mettant en jeu plusieurs opérateurs peut être estimée à un très grand nombre d'heures de travail. On comprend alors l'intérêt d'automatiser ou d'assister les procédures d'analyse et d'interprétation d'images satellitales pour une meilleure gestion des risques. A cet effet, la mise en place des plans et des stratégies de protection de l'environnement à long terme, notamment pour l'évaluation et la prédiction de la dégradation des sols doivent être pris en considération.

Du point de vue de la télédétection, les milieux d'intérêt sont, dans la quasi-totalité des cas, caractérisés par une double hétérogénéité, l'une spatiale et l'autre spectrale. Les tendances à explorer l'information spectrale, particulièrement, l'imagerie hyperspectrale intéresse de plus

1

en plus les chercheurs. Ce mode de télédétection ouvre la voie de la « télédétection quantitative » apportant une grande valeur ajoutée par rapport à l'imagerie multispectrale, basée généralement sur l'information spatiale et qui est utilisée, principalement pour la discrimination des objets au sol. Ce fait représente ainsi, pour les chercheurs un défi majeur dans l'application des méthodes de télédétection à l'analyse et à l'interprétation des données hyperspectrales. Les raisons sont, essentiellement, les effets des propriétés optiques des sols, de l'atmosphère, de l'environnement et l'information au niveau du sous-pixel.

Ce travail de recherche se place dans ce contexte ayant une volonté scientifique accrue de proposer une approche mariant dans un cadre homogène les techniques d'analyse des signaux de télédétection hyperspectrale aux méthodes cognitives d'interprétation de connaissances tirant parti simultanément de leurs avantages complémentaires. Cette motivation traduit l'espérance d'une compréhension de la phénoménologie des risques naturels à partir des données de télédétection hyperspectrale. A cet effet, il est crucial de bien comprendre, sur des bases scientifiques solides, et de répondre aux différentes problématiques qui se posent, notamment les nouveaux paradigmes théoriques d'analyse, liés essentiellement à la nature des données hyperspectrales.

1.2 Problématique

Le domaine d'analyse et d'interprétation d'Images HyperSpectrales (IHS) consiste à extraire, discriminer, identifier et caractériser les régions d'intérêt thématique de la scène, sans la nécessité d'accéder aux variables d'état de la surface ou d'interpréter les informations extraites, une tâche confiée au bon soin des experts du domaine. L'imagerie hyperspectrale présente, cependant, des capacités d'analyse qualitative et quantitative largement étendues et inaccessibles avec les modes classiques de télédétection, nous incitant à tenter des nouvelles pistes de recherche visant à proposer des méthodes cognitives permettant l'extraction de connaissances utiles et leur interprétation semi-automatique tout en héritant du raisonnement humain ces capacités de modélisation.

Ce présent travail s'inscrit dans le cadre d'une problématique générale visant à la fois, de développer des outils d'extraction d'informations, orientés « Traitement de signal » adaptés au contexte hyperspectral, et de proposer des nouvelles stratégies pour l'interprétation des connaissances extraites orienté « Intelligence Artificielle », le tout consacré pour offrir une meilleure aide à la prise de décision. En effet, les stratégies et les méthodes d'interprétation des IHS, en dépit d'une évolution récente, sont encore peu développées et nécessitent un large effort de recherche méthodologique pour une application routinière. Elles sont confrontées, pour la plupart, à plusieurs problèmes, constituant entre-autres les défis à soulever par notre étude.

Nous citons en premier lieu, le problème relatif à l'identification des matériaux ou objets, qui persiste toujours, même en utilisant des informations spectrales. En effet, la plupart des systèmes d'analyse d'images existants considèrent, par abus, qu'un pixel dans une image représente un certain matériau dans la scène et appartient à une classe particulière. Cependant, cette hypothèse n'est pas, souvent, réaliste pour plusieurs raisons d'ordre pratique, en particulier à cause de la nature hétérogène de la plupart des surfaces cibles. Par conséquent, la radiance électromagnétique mesurée par des capteurs est inévitablement le résultat de mixture de radiance de plusieurs matériaux présents dans la scène. Le spectre obtenu pour un pixel donné est alors une combinaison (le plus souvent linéaire en première approximation) de spectres élémentaires des différents composants de la zone d'échantillon analysée.

Du point de vue mathématique, le spectre d'un pixel d'une IHS est donc, la convolution entre les spectres de base (élémentaires) et la composition de la zone d'échantillon. Notons, que peu importe combien nous améliorons la résolution spatiale, la plupart des cibles aboutira a un pixel mixte que nous appelons « mixel ». Par conséquent, du point de vue thématique, un pixel se trouve appartenir partiellement à plusieurs classes. C'est cette **ambiguïté** qui constitue la première source d'imperfection, et qui nous ramène à une analyse sub-pixelaire des IHS.

Aussi, nous évoquons une autre source d'imperfection, notamment celle de l'**incertitude** des données, qui se traduit par une difficulté dans l'énoncé de la véracité binaire d'une connaissance. Cette difficulté est due principalement, à la fiabilité du processus d'analyse des IHS, qui se base, le plus souvent, sur des approches statistiques, s'appuyant sur des hypothèses souvent irréaliste [Bouyssou 89]. D'où l'obligation de prendre en considération ces contraintes lors du processus d'interprétation de IHS. La question du choix d'une méthode appropriée dans une situation décisionnelle donnée s'impose alors de façon naturelle dés lors qu'on s'intéresse à sa modélisation. En effet, l'effort de modélisation implique la recherche d'un compromis entre une représentation riche et proche de la réalité et une représentation compréhensible.

La question qui se pose, c'est : quel type de raisonnement adopter pour tenir compte de ces imperfections et garantir une bonne interprétation des connaissances extraites ?

La qualification du risque naturel est la deuxième problématique que nous abordons dans cette étude. Son caractère irrégulier et aléatoire, et sa discontinuité spatio-temporelle la rendent un phénomène complexe. Le risque est souvent exprimé par le produit d'un aléa et d'une vulnérabilité. La complexité du concept d'aléa et de la notion de vulnérabilité montre à quel point le risque est une notion composite, nécessitant une part d'expertise importante pour le mesurer et envisager une politique de gestion. Aussi, la qualification du risque est souvent décrite par des variables linguistiques plutôt que des variables numériques. Ceci est dû au fait, que les humains sont directement impliqués dans le processus de mesurage de presque tous les attributs du risque. Ainsi, la plupart des attributs sont mesurés sur une échelle au mieux ordinale composée de valeurs linguistiques telles que « faible », « moyen » et « extrême ».

La question qui se pose, c'est : comment modéliser la part d'expertise humaine, tout en se rapprochant du raisonnement humain?

La dernière problématique que nous proposons de traiter, concerne la nature et les sources d'acquisition des connaissances pour la modélisation des systèmes pour lesquels l'humain fait partie du processus de décision. Deux sources de connaissance peuvent être utilisées pour la conception d'un tel système: les connaissances de l'expert et celle produite par apprentissage à partir des données expérimentales (figure 1.1).

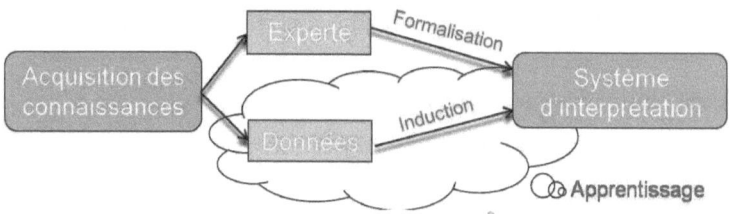

Figure 1.1 : Sources de connaissances

Pour la première, l'expert se sert de sa compétence et de son expérience dans le domaine pour décrire, de manière qualitative, le comportement des variables les plus influentes. Dans ce cas la procédure est appelée formalisation de connaissances tel que définition d'une base de règles par un expert.

La deuxième est induite par apprentissage à partir des données expérimentales, qui peuvent être enregistrées pendant le fonctionnement du système que nous voulons modéliser et qui nécessitent une procédure dite d'induction pour être formaliser.

Le problème qui se pose, c'est : comment tirer profit de ces deux types de connaissance dans une architecture hybride pour calibrer et réajuster le modèle d'interprétation?

4

1.3 Objectifs

Motivé par l'évolution de la technologie des capteurs, qui introduit à la fois un antagonisme et une complémentarité dans la télédétection moderne, l'intérêt pour les données hyperspectrales est de plus en plus croissant au cours des dernières années. L'objectif principal, poursuivi dans cette thèse, est avant tout méthodologique. Il s'agit d'aborder les problèmes présentés dans le paragraphe précédent, en proposant une approche générique et modulaire pour l'interprétation des données hyperspectrales. Cette approche permettra dans un premier temps, une analyse spectrale, basée sur la séparation aveugle de sources, de l'IHS prétraitée. L'objectif de cette phase, est de retrouver la composition quantitative et qualitative de chaque pixel de l'image. Dans un deuxième temps, les connaissances extraites seront interprétées en les combinant avec d'autres données externes. Le modèle choisi pour cette intégration doit tenir compte à la fois des contraintes relative à la nature des données (imperfection, multi-sources), à la fiabilité des méthodes d'analyse existantes (incertitude), des connaissances de l'expert et la généricité du système.

Ainsi, l'objectif final de cette approche sera de maximiser les connaissances extraites, de minimiser les imperfections qui les accompagnent et de se rapprocher le plus fidèlement de la réalité.

Le système mis au point développera et utilisera donc, des nouvelles approches, à priori similaires à celles utilisées par les humains, pour la représentation et le traitement de valeurs linguistiques.

Pour évaluer l'apport applicatif de l'approche, nous proposons sa mise en œuvre sur une application opérationnelle de gestion de risque naturel. Il ne s'agit pas d'évaluer le risque en soit mais beaucoup plus pour définir le niveau de vulnérabilité et son articulation spatiale à l'échelle régional. Ceci exige évidement une approche systémique intégrant des paramètres objectifs pouvant influer sur la vulnérabilité et appliqués dans un espace discrétisé dont les unités systématiques sont géoréférencées.

L'objectif thématique consiste à produire une cartographie des zones à risque d'érosion hydrique en zone aride du sud tunisien.

Dans l'optique du groupement scientifique et dans un souci constant de cohérence entre l'approche proposée et les applications thématiques, les travaux sont menés en étroite collaboration avec les chercheurs spécialistes du Centre National de la Cartographie et de la Télédétection (CNCT) en Tunisie.

L'intérêt de cette application vise à apporter une nouvelle perspective à la prédiction et à l'évaluation des risques naturels, notamment celle de l'érosion hydrique. D'une manière opérationnelle, on se propose de fournir aux organismes qui interviennent, ou auront à intervenir dans la zone, une meilleure idée des travaux à réaliser au niveau de la zone d'étude afin d'améliorer leurs pratiques de contrôle de l'érosion hydrique et, par conséquent, d'augmenter la longévité de la zone.

Une étape préliminaire consistera à définir l'espace de travail spatial / spectral le mieux adapté, avec comme objectif la correction des données, la réduction de la dimensionnalité et la prise en compte maximale de la phénoménologie.

1.4 Contributions

Apport théorique :

• Définition d'un un nouveau cadre de travail basé sur une méthodologie générique et modulaire permettant l'intégration des données multisources (hyperspectrales, spectro-radiométriques et thématiques) dans une architecture appropriée pour une caractérisation précise des états de surface,

• Proposition d'une nouvelle méthode de démixage spectral « SAMSU » basée sur les mesures d'angle spectral et adaptée au problème de variation d'illumination causé par les effets de l'ombrage,

• Proposition d'une nouvelle approche pour l'interprétation des IHS basée sur un modèle de fusion possibiliste, tenant en compte à la fois de l'imperfection des données et la généricité du système,

• Modélisation de l'érodibilité hydrique par une approche prédictive inspirée des directives PAP/CAR (Programme d'Actions Prioritaires- Centre d'Activités Régionales) en coopération avec la FAO. Cette modélisation permettra de déterminer les hypothèses préliminaires concernant l'évaluation et la prédiction de l'érodibilité hydrique.

Apport applicatif :

• Implémentation d'une nouvelle méthode de démixage spectral « SAMSU », mettant en évidence son apport par rapport aux méthodes existantes,

• Intégration des données multisources (hyperspectrales, radiométriques, thématiques) dans une architecture neuro-flou, tenant compte, à la fois des contraintes relative à

6

l'imperfection des données et la généricité du système, pour la production d'une carte d'érodibilité hydrique des sols.

Apport thématique :

Production d'une carte prévisionnelle et décisionnelle d'érodibilité hydrique en zone aride du Sud Tunisien. Cette carte a permis d'identifier les grandes classes de susceptibilité à l'érosion hydrique. Son impact économique et écologique est d'une extrême importance puisqu'elle permet aux décideurs de définir les règles de gestion adéquates pour préserver les ressources naturelles des risques naturels, et en particulier des risques de l'érosion hydrique. Ceci peut entrer dans la stratégie du développement durable de la région des Matmata.

1.5   Plan du manuscrit

La réalisation de cette étude se décline en cinq chapitres :

Après une introduction générale dans laquelle nous avons présenté le contexte et les motivations de l'étude, les problématiques et les objectifs, nous présentons dans le deuxième chapitre une introduction au domaine de l'imagerie hyperspectrale, les concepts de base de cette technologie. Ensuite nous présentons brièvement le problème de mixture spectrale, ainsi que le modèle de mélange linéaire et les méthodes de démixage spectrale, notamment celle de l'analyse en composantes indépendantes et nous terminons ce chapitre par les opérations de prétraitement appliquées à une IHS.

Dans le troisième chapitre, nous dressons un état de l'art synthétique autour des méthodes d'interprétation de phénomènes naturels à partir de données spatiales et nous en tirons les enseignements pour l'approche que nous proposons. Une présentation du système neuro-flou adopté dans cette étude pour l'interprétation des IHS vient clore cette partie.

Dans le quatrième chapitre, nous décrivons la méthodologie proposée pour atteindre les objectifs définis pour ce travail. Nous présentons à chaque étape, les données en entrée, le résultat en sortie ainsi que les critères d'évaluations.

Dans le cinquième chapitre, nous présentons l'application de l'approche proposée pour la prévision et l'évaluation de l'érodibilité hydrique en zone aride du sud tunisien. Les résultats ainsi obtenus seront comparés aux données de la réalité terrain, dans le but de démontrer leur rentabilité en termes de précision et de coût. Nous terminons ce travail, par une conclusion générale et des suggestions futures.

Imagerie satellitale hyperspectrale

2.1   Introduction

De nos jours, avec l'évolution très rapide que connait la technologie des capteurs, plusieurs secteurs ont approuvé l'utilité de l'imagerie satellitale en général et celle de l'hyperspectrale en particulier. Selon l'objectif d'utilisation des données satellitales (étude minéralogique, géologique, environnementale, etc.) les radiomètres embarqués sont calibrés pour effectuer des mesures qualitatives et quantitatives dans certaines bandes spectrales.

Dans ce travail de thèse, nous voulons aborder une grande étendue, avec une résolution spectrale de l'ordre des 100-300 bandes, de capteurs hyperspectraux. Les images issues de ces capteurs répondent à nos attentes. C'est dans cette optique que nous exposons dans un premier temps, les concepts de base sur la technologie hyperspectrale. Tout d'abord, nous commençons par la définition, le principe d'acquisition, les caractéristiques les plus importantes et une brève exposition des capteurs hyperspectraux les plus utilisés. Par la suite, nous nous intéresserons aux principes fondamentaux de cette technologie hyperspectrale telle que la spectroscopie. Nous exposons ensuite, le problème de mixture spectral, la modélisation de cette mixture et la méthode d'Analyse en Composantes Indépendantes (ACI) pour le démixage spectral. Et enfin, nous terminons par présenter les prétraitements spécifiques, appliqués à un cas réel d'une IHS du type HYPERION.

2.2   Généralités sur la technologie hyperspectrale

L'imagerie hyperspectrale peut être défini comme la technique d'acquisition simultanée d'images dans des centaines de bandes spectrales contiguës et identiquement géoréférencées, de façon à pouvoir dériver un spectre de réflectance complet pour chaque élément d'une image afin d'évaluer le degré de rayonnement de chaque pixel de la scène pour chaque bande spectrale. Cette évaluation permet de construire un spectre pour chaque pixel. Typiquement ce spectre de réflectivité nous permet d'analyser la composition de la scène et de déterminer la nature du matériau que représente chaque pixel. [Goetz 92].

Le développement de l'imagerie hyperspectrale peut être considéré comme la suite des progrès de l'imagerie de télédétection classique. La télédétection, telle que nous la connaissons actuellement est définie comme la technique d'acquisition d'images du globe terrestre pour l'obtention d'informations sans contact direct avec celle-ci, elle englobe tout le processus qui consiste à capter, enregistrer l'énergie réfléchie ou émise par la cible, traiter et analyser les informations obtenues afin de les mettre en œuvre dans des applications appropriées. Un système de télédétection hyperspectral peut se décomposer en 4 parties principales [Goetz 92] :

– Une source d'énergie produisant une radiation électromagnétique. Dans le cas de la télédétection optique passive qui nous intéresse ici, cette source d'énergie provient de l'éclairement solaire.

– La scène qui comprend la surface terrestre et l'atmosphère avec lesquelles interagit la radiation électromagnétique.

– Un capteur permettant d'acquérir des données pertinentes sur des centaines de bandes spectrales représentant la scène.

– Un système d'interprétation et d'analyse de données permettant l'extraction d'informations utiles à partir des données issues du capteur et d'éventuelles données et/ou connaissances extérieures. Ces informations utiles sont fournies aux utilisateurs qui les intègrent dans un processus d'aide à la décision.

2.3 Caractéristiques des images hyperspectrales

Parmi les caractéristiques les plus importantes des images hyperspectrales, nous citons la résolution considérée comme étant un critère primordial pour pouvoir qualifier une image dans un domaine approprié. Dans le domaine de l'imagerie hyperspectrales, les données sont acquises selon trois dimensions, deux dimensions spatiales et une spectrale ; nous pouvons donc présenter une scène par un cube nommé cube hyperspectral disposant de deux axes spatiaux et d'un seul axe spectral (figure 2.1) :

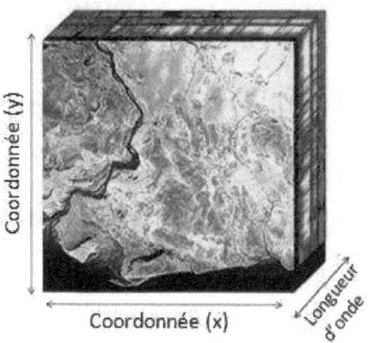

Figure 2.1 : Le cube hyperspectral

La largeur de ce cube, mesurée en nombre de pixels, présente le nombre total de détecteurs utilisés dans le système d'imagerie. Ce nombre est lié à la résolution spatiale du capteur. La longueur du cube, mesurée également en pixels, est le nombre de lignes enregistrées par le capteur. Sa profondeur est le nombre de canaux spectraux et la résolution spectrale de l'image est $\Delta\lambda$.

Dans un système de mesure, la résolution représente l'aptitude d'un équipement à distinguer deux valeurs proches l'une de l'autre. Dans le cas des images satellitales, cette valeur désigne le pouvoir séparateur de deux matériaux très proches l'un de l'autre. Les principaux types de résolution sont : spatiale, spectrale, radiométrique et temporelle.

2.3.1. Résolution spatiale

Comme le montre la figure 2.2, un radiomètre placé à une altitude h, observant la surface du sol sous un angle d'incidence, "voit" une portion du sol S qui est l'intersection du cône d'analyse et de la surface du sol (le pixel).

Un radiomètre est caractérisé par son angle d'ouverture dénommé également champ de vue instantané (en anglais IFOV: Instantaneous field of view). C'est cet angle α d'ouverture du cône de vision qui définit l'angle solide ω (figure 2.2). Si ω est petit, ce qui est généralement le cas pour les radiomètres opérant dans le visible et proche IR, la focale de l'optique définit l'angle ω.

$$\omega = {}^{s}/_{f2} = {}^{\pi}/_{4} \cdot ({}^{D}/_{f})2 \qquad (2.1)$$

Où s : aire de l'optique (la pupille du radiomètre)

f : distance focale

D : diamètre de la pupille

Pixel et angle instantané d'analyse sont liés par la relation géométrique suivante:

$$S. \cos\theta = ({}^{h}/_{\cos\theta})2. \omega \qquad (2.2)$$

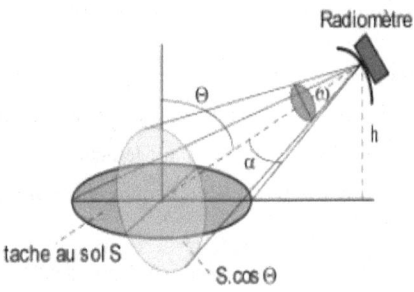

Figure 2.2 : champs de vue instantanée

Cet aspect géométrique de la mesure pose deux problèmes qui, selon les cas, nécessite des correctifs radiométriques.

- Le pixel n'est pas lambertien. Dans ce cas de figure, l'angle d'observation devient une variable influante de la mesure et l'angle Θ joue généralement un rôle non négligeable. En effet, si Θ augmente, le pixel devient plus éloigné du radiomètre. Comme l'atmosphère n'est parfaitement transparente pour aucun domaine du spectre électromagnétique, il en résulte des absorptions d'autant plus grandes que le pixel est éloigné du radiomètre.

- Le pixel est hétérogène, et par conséquent l'énergie rayonnant perçue par le radiomètre est une moyenne pondérée par les espaces élémentaires respectives des portions de pixel, des intensités émises dans sa direction.

D'un point de vue pratique, l'hétérogénéité d'un pixel suscite une remarque sur la capacité de discrimination. Selon la définition qui en a été donnée, on pourrait conclure qu'il est impossible d'identifier au sol des objets de taille inférieure à la résolution du pixel.

2.3.2. Résolution spectrale

Dans le système optique du capteur, les rayonnements reçus se divisent en différentes longueurs d'ondes. Un grand nombre de divisions (de bandes spectrales) serait idéale ; mais plus la bande spectrale est fine, plus l'intensité du signal reçus par le détecteur est faible et provoque un affaiblissement du rapport Signal/Bruit.

Ainsi, la résolution spectrale est définie comme étant la largeur minimale exploitable d'un canal spectral et que l'on note $\Delta\lambda$. L'imagerie hyperspectrale est donc capable de détecter des centaines de bandes spectrales très étroites, généralement entre 10 et 14 nm. Dans le cas où la gamme spectrale couverte par le capteur hyperspectral est continue, la résolution spectrale est définie par :

$$N(\text{bandes}) = \frac{\text{gamme spectrale}}{\Delta\lambda} \qquad (2.3)$$

D'un point de vue mathématique, si on imagine la restauration d'une fonction après échantillonnage, il est évident que : plus le pas d'échantillonnage est petit, plus précise sera la restauration. Nous pouvons alors restaurer de la même manière la réflectivité spectrale qui est une fonction de longueur d'onde avec le pas d'échantillonnage considéré comme la résolution spectrale [Landgrebe 99]

2.3.3. Résolution radiométrique

La résolution radiométrique d'un système de télédétection décrit sa capacité à reconnaître des petites différences dans l'énergie électromagnétique ; c.-à-d. la plus faible intensité que le capteur est capable de détecter dans chaque bande spectrale.

La résolution radiométrique n se mesure normalement en nombre de bits, si N est le nombre de niveaux de gris, on aura alors

$$N = 2n \qquad (2.4)$$

Les images hyperspectrales se caractérisent par une résolution radiométrique très élevée. Partant de là, il est très probable de distinguer deux matériaux similaires ayant des valeurs radiométriques légèrement différentes.

2.3.4. Résolution temporelle

La résolution temporelle d'un système de télédétection est égale à la période que doit prendre un satellite pour effectuer un cycle orbital complet afin d'observer à nouveau la même scène à partir du même point de l'espace.

2.4   Interactions du rayonnement électromagnétique

Le spectre électromagnétique est la décomposition du REM en fonction de sa longueur d'onde. Le spectre est divisé en plusieurs domaines classés par longueur d'onde décroissante : les ondes Audio, Radio et Radar, l'Infrarouge, la lumière Visible, les Ultra Violet, et les rayons Gamma (figure 2.3).

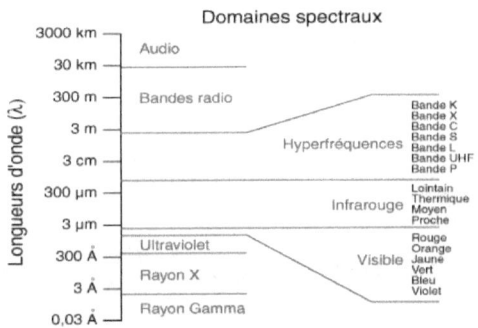

Figure 2.3 : spectre du rayonnement électromagnétique

Le rayonnement électromagnétique subit beaucoup d'interactions tout au long de son parcours soleil-objet-capteur. Ces réactions successives sont de trois types :
✓ Interaction atmosphérique;
✓ Interaction spectrale.

13

2.4.1. Interaction atmosphérique

Tout au long du processus de télédétection, le rayonnement électromagnétique subit les effets des aérosols qui composent l'atmosphère deux fois, une première fois avant d'atteindre la cible et une seconde fois quand il est réfléchi par la cible.

Ces réactions avec l'atmosphère peuvent être une réflexion, une absorption ou une transmission qui dépendent de la longueur d'onde du rayonnement, de la nature des composants de l'atmosphère ainsi que de la dispersion et de l'épaisseur des aérosols comme c'est illustré par la figure 2.4.

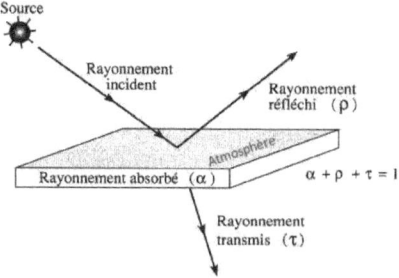

Figure 2.4 : Interactions du rayonnement électromagnétique avec l'atmosphère

Lorsque la source d'énergie est le soleil et que nous nous intéressons aux surfaces planétaires, nous parlons alors d'albédo :

$$\propto + p + \tau = 1 \qquad (2.5)$$

Avec α l'absorptance (une partie de l'énergie sera absorbée), ρ la réflectance (une autre réfléchie) et τ la transmittance (le reste sera transmis).

Généralement, en télédétection nous nous intéressons aux bandes spectrales les moins affectées par l'absorption de l'énergie, où l'atmosphère est transparente. Ces zones spectrales sont nommées les fenêtres atmosphériques. Dans la figure 2.5, les graphes montrent clairement les zones du spectre où l'énergie électromagnétique ne passe pas et qui sont les bandes de l'Infrarouge thermique. Par contre dans le spectre du visible, nous constatons que la lumière passe en totalité.

Grâce à sa composition moléculaire, l'atmosphère a une grande influence sur le rayonnement incident réfléchi par la surface de la cible. La dégradation des images de télédétection causée par la présence de la diffusion atmosphérique peut être minimisée en choisissant d'acquérir un

14

signal à des longueurs d'onde qui sont moins influencées par la diffusion atmosphérique et en corrigeant l'image. Un exemple illustratif sera présenté à la fin de ce chapitre.

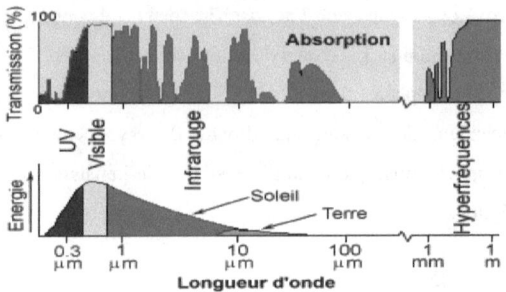

Figure 2.5 : Fenêtres atmosphériques et spectre d'émission du soleil et de la terre

2.4.2. Interaction spectrale

Lors de son parcours du soleil vers la surface terrestre, le rayonnement qui n'est ni absorbé, ni diffusé par l'atmosphère sera transmis pour atteindre la cible. A son arrivée, l'énergie incidente interagit avec la cible et selon la longueur d'onde du rayonnement, la composition de la surface de la cible et la topographie du sol, une partie de l'énergie sera absorbée A, une partie réfléchie R et le reste transmis T, (figure 2.6).

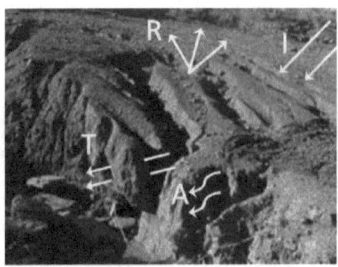

Figure 2.6 : Interactions de l'énergie électromagnétique avec la cible

La géométrie de la surface de la cible a un effet linéaire sur le spectre. En effet, si nous mesurons les spectres de deux surfaces cibles du même matériau, nous obtenons deux spectres différents mais ayant une relation linéaire entre eux.

15

Pour minimiser l'effet de la topographie sur les spectres observés, nous proposons dans le quatrième chapitre une méthode de démixage spectral appelée SAMSU basée sur les mesures d'angle spectral qui permet de réduire considérablement les effets de l'ombrage.

2.5 Concepts de base de l'imagerie hyperspectrale

2.5.1. Notions de spectroscopie

Face aux besoins de connaissance des sols nécessaires en modélisation de processus environnementaux liés à la dégradation, des techniques plus efficaces en termes de temps de travail et de caractérisation des sols voient le jour : La Spectroscopie.

La spectroscopie est donc l'étude des spectres. Elle représente une opportunité d'augmenter la capacité d'observation directe des sols. Plus particulièrement les télédétections satellitale et aéroportée dans le Visible et le PIR tendent à devenir un outil incontournable pour accéder aux propriétés du sol et par conséquent pour caractériser les changements environnementaux. En effet, l'analyse spectrale de la lumière solaire réfléchie par la surface terrestre ou spectroscopie de réflectance constitue l'une des plus importantes sources d'information à distance en ce qui concerne les caractéristiques chimiques et minéralogiques des matériaux constitutifs des surfaces terrestres. L'imagerie hyperspectrale peut donc être considérée comme de la spectroscopie spatialisée par télédétection aéroportée ou satellitale.

2.5.2. La signature spectrale

La signature spectrale correspond au pouvoir de réflexion (réflectance) ou d'émission (émissivité) des objets en fonction de la longueur d'onde. On représente les signatures spectrales par des courbes figurant la réflectance en ordonnée et la longueur d'onde en abscisse. Elles permettent de caractériser le milieu observé lors d'une interprétation.

La Figure 2.7 montre la signature spectrale de différentes surfaces comme la neige, la végétation, le sable ou l'eau. Ce comportement, différent pour chaque type de surface, est à l'origine de l'étude par télédétection de chacune des surfaces.

Généralement, les signatures spectrales sont mesurées aux laboratoires, pour différents matériaux, afin de constituer des bibliothèques spectrales pouvant être employées par la suite dans l'identification des objets d'une scène quelconque de façon automatique et sans recours à un expert.

16

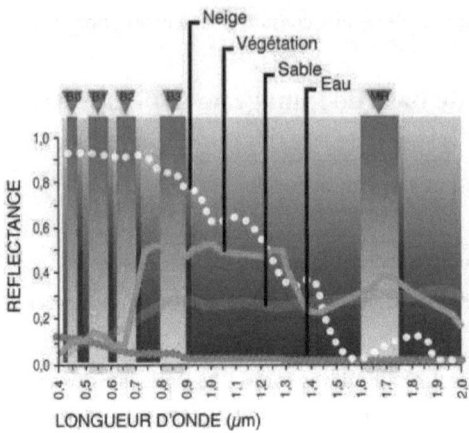

Figure 2.7 : Comportement spectrale de 4 milieux différents [Cabrières 0])

2.5.3. Bibliothèques spectrales

Une bibliothèque spectrale est une collection de réflectivités spectrales de matériaux courants. Grace à des recherches dans le domaine de la spectrométrie et dans le cadre de différents projets, différentes bibliothèques ont été constituées et sont actuellement accessibles. Certaines d'entre elles, reconnues pour leurs qualités, sont publiquement disponibles ; parmi celles-ci : [USGS 00] [Ben-Dor 03].

Ces bibliothèques comportent généralement une grande variété de matériaux naturels (minéraux et végétaux) ou artificiels.

2.6   Problème de la mixture spectral

Bien que l'imagerie hyperspectrale se caractérise par une haute résolution spectrale qui offre une haute précision au niveau de la caractérisation de la nature de l'objet observé, cette technologie n'est pas à l'abri de certains inconvénients, notamment celui des pixels mixtes où plusieurs pixels élémentaires se trouvent emboités dans un même pixel.

Pratiquement, il y a deux situations pour lesquelles ce phénomène peut apparaitre :

✓ La première lorsque le pixel se situe dans les limites d'un objet ;

17

✓ La deuxième lorsque la taille des objets sont relativement petites par rapport à la résolution spatiale du capteur.

Les techniques de classification classiques, basées sur les statistiques bayesiennes, supposent que les pixels sont purs et l'espace qu'il représente est homogène. Toutefois, à cause du problème des pixels mixtes, cette hypothèse n'est pas réaliste, spécialement dans les milieux arides ou semi aride [Settle and Drake 93]. Ainsi, ce problème peut influencer d'une façon flagrante la fiabilité de la classification des IHS, et par conséquent, une représentation de l'IHS à travers un modèle approprié et optimisé s'avère indispensable.

2.7 Modélisation de l'image hyperspectrale

Dans ce paragraphe, nous présentons un système d'observation linéaire qui correspond à un cas particulier simplifié du cas général du mélange spectral. Ce cas se produit lorsque différents matériaux sont présents dans un pixel et qui sont optiquement séparables c'est-à-dire qu'il n'y a aucune dispersion entre les différents composants. Dans ce cas, la signature spectrale du mélange est la somme des signatures spectrales des différents matériaux présents dans ce pixel, pondérée avec les proportions de chaque matériau source comme l'illustre la figure 2.8.

Notons, que nous utilisons simplement le terme « source » pour désigner un matériau pur. Pour la suite de ce manuscrit, nous employons cette terminologie dans un contexte théorique.

Du point de vue mathématique, la réflectance d'un pixel mixte x dans une bande spectrale j peut être exprimée par:

$$x_j = \sum_{i=1}^{p} m_{ij} \, \alpha_i + \varepsilon \qquad (2.6)$$

Avec :

✓ p le nombre total des matériaux présents dans la scène,

✓ m_{ij} la réflectance de la signature spectrale du matériau i dans la bande j,

✓ α_i l'abondance de la source i,

✓ ε le bruit résiduel.

Généralement, ε est défini comme un bruit blanc gaussienne additif considéré négligeable [Leung et al. 07].

18

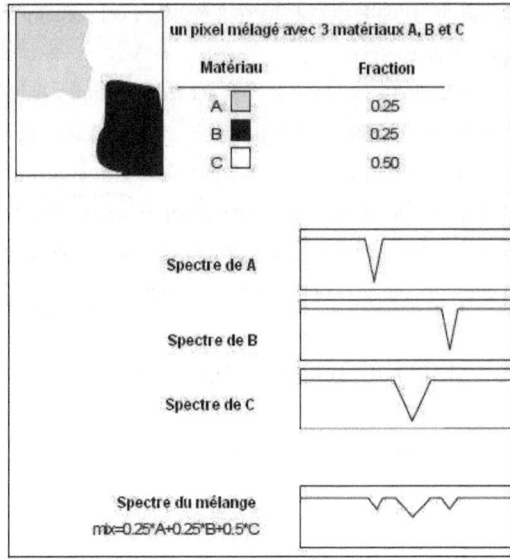

Figure 2.8 : Modélisation de la mixture spectrale

Le modèle linéaire permet de décrire chaque pixel issu d'une IHS comme étant un spectre défini par la somme pondérée des spectres des sources.

Notons, que chacun de ces spectres est définit comme étant, la signature spectrale la plus représentative d'un matériau donné dans l'image. Ils sont appelés « Endmember » et notés (EM). Nous adoptons cette terminologie dans un contexte applicatif de traitement de signal.

L'équation (2.6) s'écrit donc :

$$x = \sum_{i=1}^{p} m_i \, \alpha_i \qquad (2.7)$$

Avec x le spectre d'un pixel mixte de l'image ou pixel observé et $(m_k)_{k=1,\ldots,p}$ les EM supposés être statistiquement indépendants. α_k la proportion de mélange de la k-ième EM dans pixel observé.

Ainsi, une image de N pixels, composée de P EM et capturée sur L bandes peut s'écrire sous une forme matricielle comme suit :

$$X = \begin{bmatrix} x_{11} & \cdots & x_{1L} \\ \cdot & x_{ij} & \cdot \\ x_{N1} & \cdots & x_{NL} \end{bmatrix} = \begin{bmatrix} \alpha_{11} & \cdots & \alpha_{1P} \\ \cdot & \alpha_{ik} & \cdot \\ \alpha_{N1} & \cdots & \alpha_{NP} \end{bmatrix} \begin{bmatrix} m_{11} & \cdots & m_{1L} \\ \cdot & m_{kj} & \cdot \\ m_{P1} & \cdots & m_{PL} \end{bmatrix} \qquad (2.8)$$

✓ Avec x_{ij} est la valeur du $i^{éme}$ pixel dans la bande j.

✓ Et α_{ik} est l'abondance de la $k^{éme}$ EM dans le $i^{éme}$ pixel.

✓ Et m_{kj} est la valeur de la $k^{éme}$ EM dans la bande j.

Cette écriture matricielle, qui décrit le modèle de mélange linéaire d'une IHS, n'aura un sens que lorsque les deux contraintes physiques suivantes soient satisfaites :

✓ La contrainte de positivité des abondances

$$\forall \, i, k; \; \alpha_{ik} \geq 0.$$

✓ La contrainte d'additivité des abondances

$$\sum_{j=1}^{P} \alpha_{ik} = 1.$$

Ayant défini le modèle d'observation, expliquant les dégradations subies par la présence de pixels mixtes dans la scène observée, nous nous intéressons désormais à la méthode dont on peut analyser cette scène.

2.8   Démixage spectral

L'apparition des technologies hyperspectrales a encouragé le développement des systèmes de reconnaissance des objets. Ainsi, typiquement cette théorie permet de reconnaitre d'une façon unique les sources d'une scène. Toutefois, pour extraire ces informations, de nouvelles techniques, doivent s'adapter à un espace multidimensionnel, lorsque, pour chaque pixel, nous disposons d'un vecteur résultant regroupant les différentes valeurs correspondant aux vecteurs élémentaires des sources dans les canaux spectraux enregistrés. Ces nouvelles techniques sont plutôt baptisées techniques de démixage spectrale. Ces techniques consistent donc, à évaluer le taux de présence des objets élémentaires constituant chaque pixel. On descend en quelque sorte à l'échelle sub-pixel, en quantifiant, à la résolution du pixel, l'abondance des objets élémentaires dont la taille est inférieure à ce pixel [Jauffret 01].

Cette technique part du principe que la signature d'une source donné est la combinaison linéaire des signatures des objets élémentaires qui le constituent, pondérée par leurs abondances respectives. Par conséquent, pour chaque pixel, si on connaît suffisamment de bandes spectrales, on peut alors retrouver les taux de présence des différentes composantes élémentaires en résolvant un système d'équations linéaires.

Plusieurs méthodes de démixage spectral basées sur un modèle linéaire ont été proposées dans la littérature, nous citons les plus utilisées telles que Pixel Purity Index (PPI) [Boardman et al. 95], Fast Iteratif Pixel Purity Index (FIPPI) [Chang et al. 06], Minimum Volume Transforms (MVT) [Craig et al. 94], Multiple Endmember Spectral Mixture Analysis (MESMA) [Roberts et al. 98], Spectral Mixture Analysis (SMA) [Kruse et al. 93], Derivative Spectral Unmixing (DSU) [Zhang et al. 04], Variable Multiple Endmember Spectral Mixture Analysis (VMESMA) [Haro et al. 05], Singular Value Decomposition (SVD) [Boardman 89], Subspace Projection (SP) [Harsanyi et al. 06] et Maximum Likelyhood (ML) [Settle 96] et d'autres. L'étude que nous avons mené sur ces méthodes, nous a permis de déceler leurs limites quant à leur dépendance de la disponibilité de connaissances a priori sur la scène. Cependant, cette contrainte est dans la quasi-totalité des cas difficile à réaliser. A cet effet, les tendances actuelles convergent vers les méthodes basées sur l'ACI pour profiter de leur caractère aveugle pour la résolution du problème de mixture spectral.

2.8.1 L'Analyse en Composantes Indépendantes

L'ACI est un outil d'analyse des données multidimensionnelles proposée dans [J. Herault et al. 91] se base sur les statistiques d'ordre supérieur et l'hypothèse de l'indépendance statistique des sources supposées inconnues. L'objectif de l'ACI est de trouver une nouvelle base de représentation dans laquelle les projections des observations sur cette base fournissent des composantes indépendantes [Hyvarinen et al. 97]. Concrètement, ce processus se traduit par la séparation aveugle de sources naturellement indépendantes à partir des signaux observés, en se basant uniquement sur leur mélange, comme l'illustre la figure 2.9.

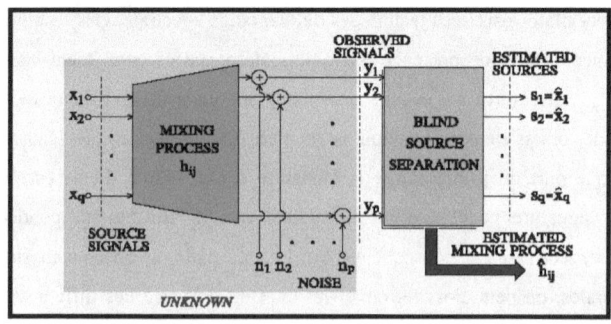

Figure 2.9 : Séparation aveugle des sources [Zarzoso, 05]

2.8.1.1 Critères de séparation

Dans la littérature plusieurs critères de séparation fondés sur les mesures de dépendance ont été définis :

- **Critères de séparation basés sur la corrélation non linéaire**

  Ces critères sont basés sur l'utilisation du maximum de la corrélation non linéaire appelée F défini par :

$$P_F = \max \text{corr}(f_1(X_1), f_2(x_2)) = \max \frac{\text{cov}(f_1(X_1), f_2(x_2))}{\text{var}(f_{1(X_1)})^{1/2} \text{var}(f_{2(X_2)})^{1/2}} \qquad (2.9)$$

Où : X_1 et X_2 sont des variables aléatoires réelles.
Si $P_F = 0$, alors X_1 et X_2 sont indépendantes

- **Critères basés sur des mesures quadratiques** : Ces critères prennent en considération la comparaison de la densité conjointe avec le produit des densités marginales introduites par Rosenblatt [Rosenblatt 79].

- **Critères basés sur le caractère gaussien des variables** : Ces critères sont basés sur le principe que moins les variables sont gaussiennes plus elles sont indépendantes, parmi ces critères il y a ceux basés sur le kurtosis ou la néguentropie.

2.8.1.2 Mesure de l'indépendance des sources

Des variables aléatoires sont indépendantes entre elles lorsque leur densité de probabilité conjointe est égale au produit des densités de probabilités marginales de chacune. Soient : $y_1, y_2, ... y_n$ des variables aléatoires avec densité jointe $f(y_1, y_2, ..., y_n)$;
Les variables y_i sont mutuellement indépendantes si la fonction de densité est factorisée :

$$f(y_1, y_1, ..., y_n) = f_1(y_1), f_2(y_2)...f_n(y_n) \qquad (2.10)$$

Avec $f_i(y_i)$ sont des densités marginales de y_i

2.8.2 Implémentation de l'ACI

La majorité des algorithmes qui ont été utilisés pour la séparation de sources se basent sur l'analyse en composantes indépendantes. L'objectif de ces algorithmes est d'utiliser les valeurs radiométriques des pixels présentant des informations composites et qui reflètent des informations relatives à des objets hétérogènes existant dans la scène. Ces algorithmes opèrent dans le but de dissocier les objets pertinents de leur environnement afin de déterminer les différents types de matériaux au sol. Nous présentons dans ce qui suit les trois algorithmes les plus utilisés pour l'ACI :

a. FAST – ICA (Fast Independant component Analysis) [Hyvarinen et al. 97] : Cet algorithme conçu pour extraire les composantes indépendantes à partir des signaux multidimensionnels et complexes en entrée. Il essaie de maximiser la non gaussianité comme une mesure de l'indépendance statistique. La non gaussianité est mesurée en utilisant l'approximation de la néguentropie dans un réseau de neurones appliqué sur les sorties.

b. JADE (Joint Approximate Diagonalization of Eigen matrices) [Cardoso et al. 93] : Cet algorithme se base sur la méthode de diagonalisation conjointe d'un ensemble de matrices construites à partir de cumulants d'ordre 4. L'indépendance statistique est obtenue par maximisation conjointe des cumulants d'ordre 4.

c. SOBI (Second Order Blind Identification) [Belouchrani et al. 97] : Cet algorithme de second ordre est basé sur la diagonalisation conjointe d'un ensemble de matrices de covariance.

2.9   Prétraitement des données hyperspectrales

En raison de différents facteurs tels que les effets d'interaction avec l'atmosphère, les erreurs systématiques et les effets géométriques, le flux de radiations recueilli par les capteurs ne peut pas être directement exploité et doit subir auparavant une série de corrections permettant de caractériser la cible en éliminant le bruit et en minimisant les erreurs. Dans ce qui, nous présentions les principaux type de correction appliqués aux IHS. Pour mieux illustrer les résultats de ces traitements spécifiques et rester dans le contexte de cette étude, nous appliquons ce processus sur un cas impliquant une IHS du type HYPERION.

2.9.1 Corrections radiométriques

Cette étape consiste à éliminer les bandes inutiles et à corriger les colonnes bruitées de l'image pour certaine bandes.

- **Suppression de bandes spectrales inutiles**

Ce phénomène est dû à l'absorption de la totalité ou d'une grande partie du signal par certain composants chimiques présents dans l'espace entre autre $H2O$, CO, $O2$, comme l'illustre la figure 2.10.

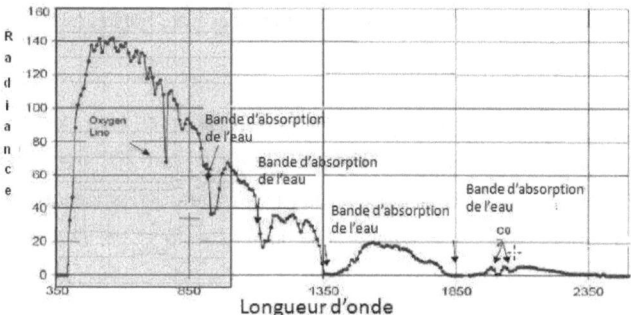

Figure 2.10 : Raie d'absorption spectrale

Après suppression des bandes inutiles, on n'exploite, réellement, que la gamme de 426 μm à 915 μm dans le domaine VNIR (gamme de 300 à 920) et que la gamme de 932 μm à 2355 μm dans le domaine SWIR (gamme de 921 à 2500).

- **Correction des colonnes noires**

Ces erreurs sont dues à certains défauts du capteur pour certaines bandes. Pour y remédier, nous commençons par localiser les bandes bruitées, ensuite nous appliquons une interpolation des colonnes adjacentes pour les corriger (figure 2.11).

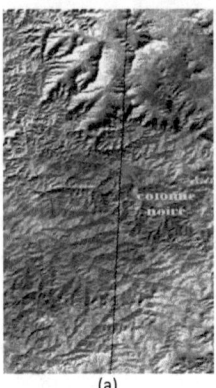 

(a)   (b)

Figure 2.11 : Problème des colonnes noires a) avant b) après correction

- **Correction des stripes**

A l'instar du phénomène des colonnes noires, les stripes[1] sont dues à certains détecteurs défectueux du capteur pour certaines bandes. Elles sont corrigées par interpolation des colonnes adjacentes figure 2.12 nous commençons par localiser les bandes en question et déterminer la périodicité des stripes, qui dépend du nombre de détecteurs défectueux, ensuite nous avons procédé par les corriger par interpolation des colonnes adjacentes.

(a)   *(b)*

Figure 2.12 : Problème des stripes a) avant b) après correction

---

[1] Il n'existe pas à notre connaissance de traduction admise pour cet anglicisme que nous utiliserons donc dans ce mémoire

2.9.2 Corrections géométriques

Quelque soient le mode d'imagerie et la plateforme utilisée, les images acquises par télédétection comprennent des distorsions géométriques d'importances variables dont l'origine provient principalement de trois sources :

- Instabilité de la plate-forme de navigation pour les IHS aéroportées ;
- Environnement observé (rotation et courbure de la terre) pour les IHS satellitales ;
- Technologie de la prise de vue (distorsions panoramiques).

L'objectif de ce processus est de faire correspondre à chaque pixel de l'image un couple de coordonnées géographiques. Ceci permet d'afficher l'image dans un contexte spatial pour une éventuelle juxtaposition de l'image avec d'autres couches de données occupant le même espace géographique comme l'illustre la figure 2.13.

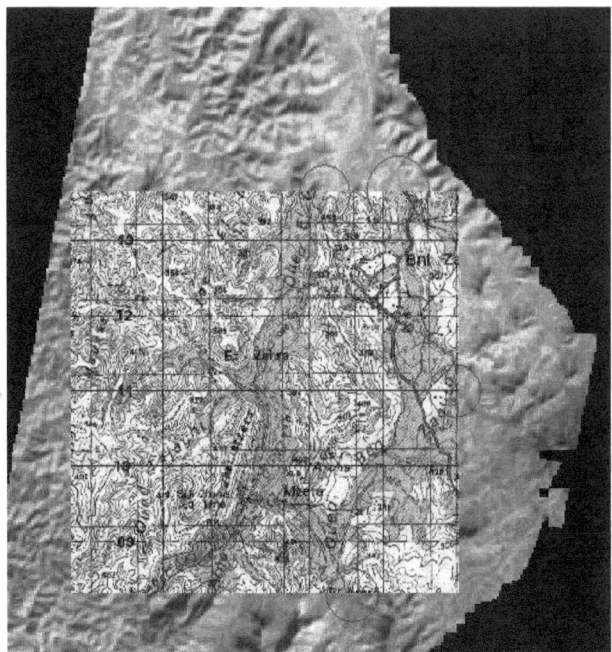

Figure 2.13 : Illustration de la correction géométrique par superposition de la carte topographique géoréférencée et de l'IHS corrigée

26

Pour ce traitement, nous avons utilisé l'approche non paramétrique qui utilise des points d'amer localisés simultanément sur l'image à corriger et sur un support géoréférencé (carte topographique).

2.9.3 Corrections atmosphériques

La procédure de correction atmosphérique prend une importance toute particulière en imagerie hyperspectrale à cause de sa haute résolution spectrale. En effet, les caractéristiques spectrales fines d'absorption atmosphérique sont accessibles dans les données. Il est donc, absolument nécessaire de convertir les données brutes de radiance pour obtenir des mesures absolues de réflectance, essentiellement, lorsqu'il s'agit des cas suivants [Lennon 02]:

- Extraction des paramètres biophysiques (télédétection quantitative),
- Comparaison avec une librairie spectrale.

L'étude bibliographique comparative sur les méthodes de correction atmosphérique que nous avons mené (cf. annexe A), nous a orientés vers le choix d'une méthode basée sur un modèle de transfert radiatif. Les résultats montrent un apport significatif à la radiométrie de l'image qui se traduit par une diminution des réflectances dans le visible, et une augmentation des réflectances, particulièrement dans le moyen infrarouge (figure 2.14).

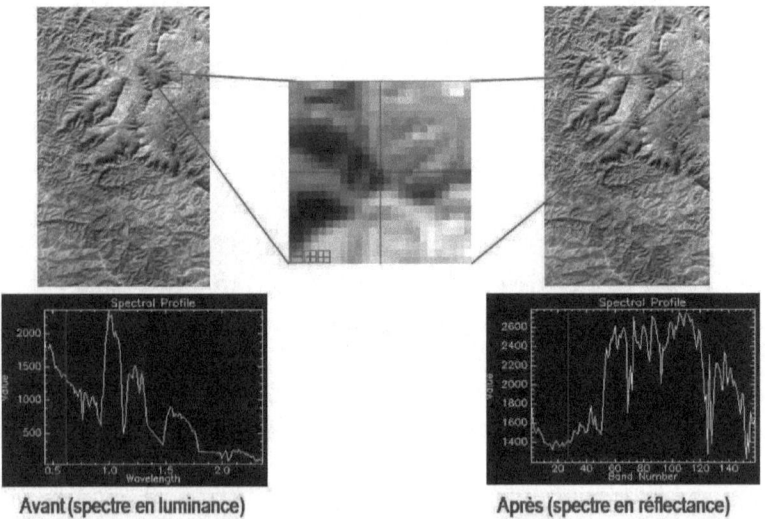

Avant (spectre en luminance)   Après (spectre en réflectance)

Figure 2.14 : Effet du passage en réflectance sur la fiabilité de la signature spectrale

2.10 Conclusion

Dans la perspective d'une analyse qualitative et quantitative des données satellitales, la tendance est actuellement à l'augmentation du nombre de bandes spectrales. Cette augmentation nous amène au domaine de l'imagerie hyperspectrale. Ces images constituent un outil efficace capable d'identifier et de quantifier des matériaux au sol. Cela représente un avantage indéniable par rapport à l'imagerie multispectrale qui relève du domaine de discrimination souvent difficile à interpréter. Ainsi, une connaissance parfaite des principes fondamentaux de la spectroscopie s'avère nécessaire pour modéliser physiquement et géométriquement une scène, ce qui permettra ensuite de développer des méthodes d'analyse et d'interprétation plurithématiques d'IHS.

Dans ce chapitre, nous avons commencé par présenter quelques généralités sur la technologie de l'imagerie hyperspectrale, ensuite, nous avons exposé le concept de base de l'IHS et ensuite, nous avons défini le modèle linéaire de formation des IHS ainsi que le démixage spectral, enfin nous avons terminé ce chapitre par les prétraitements des IHS, étape cruciale précédant toute phase d'analyse de ces données spatiale.

Dans le prochain chapitre, nous présentons une étude détaillée sur les principaux systèmes d'interprétation des IHS, dans l'objectif de mettre en évidence quelques règles pour la construction du système d'interprétation proposé.

Etat de l'art des systèmes d'interprétation des images hyperspectrales

La mise à portée de la technologie hyperspectrale, conjuguée avec le développement de nouvelles techniques, ont contribué à créer à la fois un besoin, mais aussi certaines réponses à certains problèmes dans ce domaine. Plusieurs travaux de recherche ont développé des travaux dans ce sens, ce qui a débouché sur plusieurs avancées dans le domaine d'interprétation des IHS.

Doter la machine d'un système d'interprétation d'IHS est équivalent à lui fournir des mécanismes de raisonnement et d'analyse analogue à ceux que nous employons dans des activités comparables. Cette tâche est difficile et exige la coopération de plusieurs compétences venant de domaines distincts. En d'autre termes, l'interprétation consiste à contraindre l'analyse par des connaissances expertes et contextuelles diverses afin de raffiner l'observation et de rechercher d'autres détails interprétables dans la scène.

Dans le présent chapitre, nous introduisons en premier lieux le cadre général pour l'interprétation d'IHS. Ensuite, nous décrivons le processus général de leur traitement et les enjeux y relatifs. Nous en dressons par la suite un état de l'art autour des systèmes existants et en tirons les enseignements pour l'approche que nous proposons. Une synthèse et une discussion autour de ces travaux.

3.1 Cadre général d'interprétation d'IHS

Les systèmes d'interprétation d'images varient selon le domaine d'utilisation. Du point de vue des traitements impliqués, le domaine, particulier, d'interprétation d'IHS s'intègre dans le thème de recherche plus général du traitement de l'information visuelle. En vision par ordinateur, il est généralement admis que l'analyse d'une image s'effectue par une série de procédures qui forment la chaîne de traitement de l'image. Cette chaîne n'est certes pas universelle et chaque étape est conditionnée par une connaissance à priori spécifique du domaine que l'on traite. On retrouve ici notamment les travaux de Marr [Marr 80] qui a clairement défini les étapes en partant de la segmentation et l'extraction de caractéristiques de base (bas niveau) et progressant de façon unidirectionnelle vers l'interprétation de l'image (haut niveau).

Malgré de nombreux et réels progrès, le problème de suivi entre le bas niveau et le haut niveau n'est toujours pas résolu aujourd'hui. Comment rapprocher le bas niveau, plutôt mathématique, avec le haut niveau, plutôt du domaine de l'intelligence artificielle? Ce dilemme était autrefois largement vu comme un problème de contrôle uniquement, et les efforts ciblaient l'optimisation de ce contrôle dans les systèmes de vision.

L'essor d'un nouveau domaine qu'est l'interprétation d'IHS qui provient directement du problème, plus vaste, de l'interprétation d'images satellitales représente l'axe de notre recherche. Les réflexions générales soulevées ci-dessus s'appliquent à la technologie hyperspectrale qui étant une variante du domaine de vision par ordinateur, hérite les caractéristiques y relatives. Le problème était redéfini, car on ne cherche plus à extraire les éléments constituant l'image, mais on cherche encore plus à les interpréter. Cette nouvelle définition de la tâche a sans doute fait naître de nombreux espoirs.

Cependant, après l'euphorie initiale, on retombe sur les mêmes vieux problèmes, mais cette fois, et c'est une nouveauté, on leur donne des noms : le fossé sensoriel et le fossé sémantique (figure. 3.1).

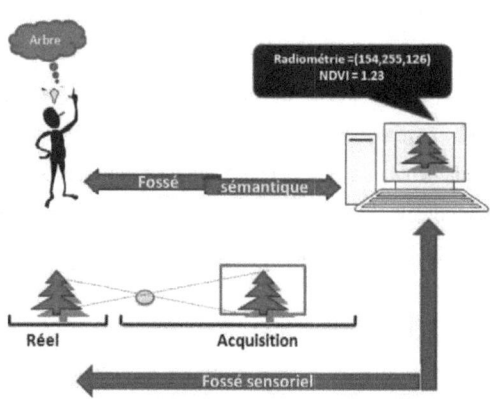

Figure 3.1 : Le fossé sensoriel et le fossé sémantique

Le fossé sensoriel est défini comme « le fossé entre les objets dans le monde naturel et l'information contenue dans une description (numérique) produite par l'enregistrement de cette scène » [A.W.M. Smeulders et al. 00]. Le phénomène des mixels correspond à ce concept en imagerie hyperspectrale.

Le fossé sémantique est le plus délicat à traiter. Il est défini comme « le manque de concordance entre les informations qu'on peut extraire des données visuelles et l'interprétation qu'ont ces mêmes données pour un utilisateur dans une situation déterminée » [A.W.M. Smeulders et al. 00]. Ce fossé n'est ni plus ni moins que le même problème de liaison entre traitements de bas niveau et traitements de haut niveau, sauf que maintenant, il est clairement vu comme un problème de gestion d'informations et non uniquement comme un problème de contrôle.

3.2 Processus d'interprétation d'IHS

Le processus d'interprétation d'IHS active différents modules dans un ordre prédéterminé. Un tel système permet une aide à la décision en faisant interagir des informations sensorielles relatives aux IHS et des connaissances à priori. Nous résumons, en simplifiant outrageusement, le schéma de traitement avec la figure 3.2.

Le traitement d'IHS introduit de nouveaux paradigmes d'analyse et nécessite l'élaboration de nouveaux outils d'extraction d'informations. Nature de l'information, quantité et dimensionnalité des données sont ainsi trois spécificités majeurs de l'IHS qu'il est nécessaire de prendre en compte pour la conception de méthodes d'analyse adaptées et efficaces.

L'interprétation correspond, généralement, à la dernière étape d'une chaîne de traitement. Elle est à la fois influencée par les traitements qui ont été effectués précédemment (éventuellement complexes ou partiellement résolus) et par le but final (aide à la décision, aide au diagnostic).

Les trois questions fondamentales que pose le problème de l'interprétation sont :

– quel est le but à atteindre et comment est-il modélisé (modèles conceptuels) ?

– quelle est l'information pertinente de l'image qui permet l'interprétation (description structurelle) ?

– quelle est la technique qui réalise l'interprétation ?

Les techniques d'analyse d'images doivent réduire l'écart qui existe entre les données exprimées sous forme d'images et les résultats en termes de zones interprétées. Alors que l'intelligence artificielle doit fournir les théories et les techniques capables de résoudre les problèmes d'une façon implicite. Cette problématique étant une partie intégrante de l'approche globale que nous proposons dans cette étude, alors nous nous intéressons au paragraphe suivant à définir les enjeux de l'interprétation d'IHS.

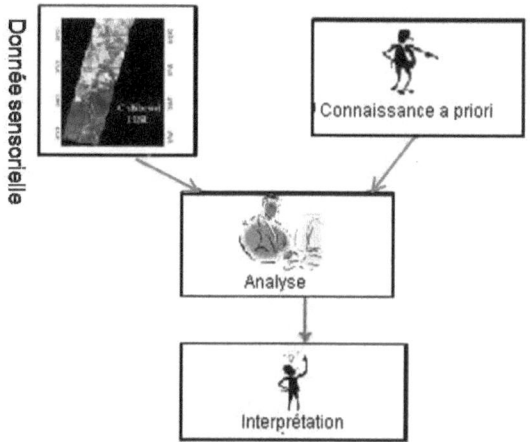

Figure 3.2 : Architecture générale d'un système d'interprétation d'IHS

3.3 Les enjeux de l'interprétation d'IHS

Les approches d'interprétation viennent répondre aux problèmes fondamentaux dans le traitement d'IHS. En effet, pour interpréter les connaissances déjà extraites par une phase d'analyse, de nouvelles approches, prenant en compte les spécificités et les caractéristiques des ces connaissances se sont avérés nécessaires. Dans ce paragraphe, nous présentons les enjeux contemporains induits par la nature des IHS. Nous abordons les enjeux de représentation des connaissances et de modélisation des imperfections entachant les données à différents niveaux. Nous discuterons, par la suite, l'intérêt croissant pour une procédure de fusion.

3.3.1 Représentation des connaissances

La représentation des connaissances couvre un domaine très vaste de l'intelligence artificielle [Pires 04]. Elle est définie comme, la modélisation des différents éléments du monde réel et la détermination de procédures d'interprétation faisant le lien entre le monde et

32

le modèle. La connaissance représentée peut être de différents types : concept, fait, méthode, modèle, heuristique, événement, prototype, objet, etc. Elle peut avoir différentes modalités : statique ou évolutive, fixe ou modifiable, certaine ou incertaine, valide ou périmée. De plus elle peut être objective ou subjective. Notre contribution est limitée à la mise en forme du raisonnement humain avec un objectif opérationnel.

Deux modèles de représentation s'opposent généralement :

- **La représentation procédurale** : Ce modèle de représentation est essentiellement opératoire, il confond les connaissances et la façon dont elles sont manipulées. Il est adapté aux problèmes où d'une part la connaissance est bien déterminée et d'autre part son utilisation est indépendante des données manipulées, dans ce cas il permet d'avoir des systèmes efficaces. En contre partie ce modèle de représentation pénalise l'évolution, la maintenance et la compréhension des connaissances.

- **La représentation déclarative** : Dans ce modèle les connaissances sont des informations manipulées par un interprète général qui ne fait aucune hypothèse sur la façon de les utiliser. Cette représentation sépare les connaissances de la façon dont elles vont être utilisées dans un système. Ces connaissances peuvent être indépendantes comme les clauses de Prolog ou les règles d'inférence en général ou liées par un réseau de dépendances comme les réseaux sémantiques. Les connaissances déclaratives constituent le savoir théorique : les faits, les règles, les lois, les principes. Elles sont constituées de concepts liés entre eux pour former des propositions. Cette représentation est efficace pour les problèmes où l'application de la connaissance dépend des données d'entrée (elle a l'avantage de la lisibilité et elle s'avère plus facile à maintenir et à évoluer).

3.3.2   Modélisation de l'imperfection

Les données traitées par un système d'interprétation d'IHS sont pour la plupart incertaines et/ou ambigües. Nous rappelons que l'ambigüité est due à la nature des IHS, du faite, qu'un pixel se trouve appartenir partiellement à plusieurs classes simultanément. Une autre source d'ambigüité concerne la qualification de caractéristiques du système par des termes linguistiques. Tandis que, l'incertitude est due à une difficulté dans l'énoncé de la véracité binaire d'une connaissance et concerne essentiellement la fiabilité des méthodes d'analyse, souvent basées sur des approches d'approximation, s'appuyant sur des hypothèses qui peuvent ne pas correspondre à la réalité.

La modélisation et le traitement de l'imperfection (incertitude et ambigüité) est une tâche non négligeable qu'il faut intégrer dans tout système d'interprétation.

Différents modèles ont été proposés pour la modélisation de l'imperfection : la théorie des probabilités [I .R.Farah 03], la théorie des croyances Shafer [Shafer 76], la théorie des possibilités et la théorie des ensembles flous [Zadeh 65]. Chacun de ces modèles possède sa propre méthode de fusion des données pour accomplir un raisonnement. A cet effet, la fusion doit être adaptée aux différentes théories de traitement de l'information afin de gérer l'incertitude et l'imprécision de ces images.

3.3.3 Fusion des données

La fusion de données (brutes ou prétraitées) permet de gérer une multitude d'informations, complémentaires, redondantes et incomplètes, issues de sources hétérogènes, afin d'obtenir la « meilleure » connaissance possible de l'environnement de décision étudié [Bloch 04]. Cette synergie n'est possible que si l'on est capable d'évaluer la connaissance ou l'information contenue dans chacune des sources de données en se basant sur un outil de mesure adéquat, sur lequel la fusion est fondée. Nous présentons dans ce qui suit une description brève de chacune de ces outils, nous insistons particulièrement aux mesures possibilistes que nous avons jugé adéquate à notre contexte.

Ces outils peuvent être considérés comme des mesures de préférences ou des mesures de vraisemblance liées aux réalisations de divers états d'un système, on distingue :

✓ **Mesures de l'information** : englobent des indicateurs sur l'inertie ou l'entropie d'un ensemble de données. Ces mesures permettent de signaler les redondances et les complémentarités des données. Ces indicateurs peuvent être des estimateurs, des predicteurs ou des résumés de l'information contenue dans chacune des sources.

✓ **Mesures de probabilités** : Ces mesures expriment l'incertitude des données. La fusion dans ce cas est probabiliste se basant principalement sur l'approche bayésienne [I .R.Farah, 03].

✓ **Mesures de croyances** : elles peuvent être considérées comme une extension des mesures de probabilités aux situations où une probabilité ponctuelle ne peut être affectée à un événement élémentaire. Les fonctions de croyance introduites par Dempster permettent de traduire le degré de croyance que l'on a sur un événement sous forme d'un intervalle appelé probabilité imprécise [Bloch 04].

✓ **Mesures de possibilités** : ce sont des mesures issues de la théorie possibiliste (qui dérive de la théorie des ensembles flous), elles peuvent être considérées comme des outils de représentation des informations incertaines et incomplètes. Ces mesures permettent d'assurer la prise en compte de l'ambiguïté et de l'incertitude d'une information [Zadeh, 64].

o **Incertitude** : l'incertitude est relative à la vérité d'une information et caractérise son degré de conformité à la réalité. Elle fait référence à la nature de l'objet ou du fait concerné, à sa qualité ou à son occurrence.

o **Ambiguïté** : elle concerne le contenu de l'information et mesure donc le défaut quantitatif de connaissance [Bloch 04].

3.4 Etat de l'art des systèmes existants

Plusieurs systèmes d'interprétation d'images spatiales ont été mis au point, particulièrement au cours de la dernière décennie. Ces systèmes ont été conçus selon différentes approches, avec des outils différents et souvent pour des buts différents. Le tableau comparatif de ces systèmes (tableau 3.1), que nous avons dressé, est basé sur plusieurs critères pertinents qui permettent de dégager leurs principales caractéristiques l'objectif visé est de justifier l'importance et l'originalité de l'approche proposée.

Référence	Domaine d'application	Données exploitées	Méthode d'interprétation	Traitement de l'imperfection	Apprentissage
Selleron et al. 03	Déforestation	Séquence d'images	Logique floue	logique floue	Non
Dutkiewicz et al. 03	Etude de la salinité des terres	C. d'abondance + MNE	Suivie par homogénéité des sources	Non	Non
Vasconcelos et al. 04	Malaria	Images MS	Fusion probabiliste	Non	Non
Freitas et al. 06	Schistosomiasis	Indices +D. thématique	Approche géomatique	Non	Base d'apprentissage
Yue et al. 06	Gestion de risque	Indices spectroradiométrique	Approche géomatique	Non	Non
Elbouqdaoui et al. 06	Gestion de risque	Données spatiale + thématique	Approche géomatique	Non	Non

Bannari et al. 07	Gestion de risque	Indices multisources	Approche géomatique	Non	Non
Guis et al. 07	Paysage écologique	Indices +COS	Statistique (Analyse multi-variée)	Non	Base d'apprentissage
Tooke et al. 08	Végétation urbaine	C. d'abondance MS	Arbres de décision	Entropie	Non
Farah et al. 08	Classification	Images MS	Fusion multi approche	Fusion multi capteur	raisonnement à base des cas
Verbeiren et al. 08	Agriculture de précision	C. d'Abondance MS	Réseaux de neurones	Non	Rétropropagation
Onana et al. 08	Urbanisme, inondations	Indices	Partition sémantique	logique floue	Non
Le Ber 02	description des paysages	Image + Instance d'objets	Réseaux sémantiques	Base de connaissances	Non
Hudelot 05	pathologies végétales	Scène brute	Réseaux sémantiques	Base de connaissances	Non
Largouet et al. 00	Evolution du paysage agricole	Séquence d'images	Automates temporisés	Non	base d'apprentissage
Lhomme et al. 05	Extraction des bâtiments/ikonos	Images MS	Identification par forme imposé	Non	Non
Escadafal et al. 86	Gestion de risque	Donnée radiométrique terrain	Interprétation visuelle	Non	Non
Girard 86	Gestion de risque	Scène brute	Interprétation visuelle	Non	Non
Boujelbene et al. 07	Classification phonémique	Phonème	Neuro-flou	logique floue	Erreur quadratique moyenne
Mahdaoui 07	Gestion de risque	Données industrielles	Neuro-flou	logique floue	Apprentissage des règles

Tableau 3.1 : tableau comparatif des systèmes d'interprétation

Dans ce qui suit, nous dressons un panorama des systèmes présentés dans le tableau 3.1. A cet effet, nous avons adopté une présentation homogène de ces systèmes. Nous avons tenté de présenter chacun d'eux suivant les mêmes points de vue pour pouvoir les comparer. Nous citons en l'occurrence, le modèle de base utilisé, les données mobilisées, les contraintes traitées, le domaine d'application.

Cette organisation n'est pas la mieux adaptée pour décrire tous ces systèmes ni celle choisie par leurs auteurs respectifs. Chaque auteur a choisi une organisation différente pour faciliter la compréhension de son système. Cependant ces points de vue nous semblent les critères les plus importants pour un système d'interprétation. Par ailleurs la présentation de ces systèmes d'une façon uniforme facilite leur comparaison :

Les méthodes basées sur les réseaux de neurones

Verbeiren [Verbeiren 08] propose une approche basée sur deux étapes : dans un premier temps, une analyse basée sur le modèle linéaire de mixture permet de générer les cartes d'abondances à partir d'images SPOT. Ensuite un réseau de neurones se charge de leur classification. L'apprentissage du réseau est effectué sur la base de la vérité terrain. L'*output* de cette étude est une carte thématique. La non-interprétabilité des réseaux de neurones et la construction d'une base d'apprentissage représentative sont les principales limites de cette étude.

Les méthodes basées sur la logique floue

Onana [Onana 08] présente dans le cadre d'une étude urbaine, l'idée de prévoir le risque menaçant une ville située au bord d'une rivière à partir de données terrain et d'images satellitales. La méthodologie proposée intègre trois types d'informations : un indice de vulnérabilité (l'extension urbaine), un indice de danger (donnée hydrologique définissant l'écoulement de l'eau) et l'NDVI. En remarquant que les données mentionnées ci-dessus sont à la fois imprécises et incertaines, ils ont jugé indispensable de les intégrer suivant une méthode de fusion prenant en compte leur imperfection. La méthode adoptée est l'MASP (Multi-Attributes Semantic Partition) basée sur une fusion floue. Cependant, cette étude n'exploite pas les potentialités offertes par l'imagerie hyperspectrale. Malgré le traitement des imprécisions, cette approche souffre d'un manque constaté de précision des résultats du à la non recours aux images à haute résolution spectrale.

Selleron [Selleron 03] combine les procédures de « logique floue » au traitement d'images satellitales multidates. L'objectif est de permettre l'obtention de cartes extrapolées sur des pas de temps variables à partir d'une séquence multi-date de cartographies représentant l'occupation du sol à des années distinctes. Le site d'étude, observé sur plusieurs images du satellite Spot, est représentatif de la déforestation actuelle des fronts pionniers tropicaux. Le test expérimental fournit des résultats quantitatifs et cartographiques sur plusieurs projections temporelles dont la première, à cinq ans, a pu être validée avec un écart inférieur à deux pour cent grâce au traitement d'une image satellitale de la même date. La limite observée concerne, essentiellement, la non généricité de la méthode proposée.

Les méthodes basées sur les arbres de décision

Tooke [Tooke 08] applique les arbres de décision pour classifier les caractéristiques de la végétation urbaine. Les cartes d'abondances sont extraites des images à haute résolution spatiale QuickBird, les informations issues d'une image LIDAR sont utilisées pour identifier les caractéristiques les plus importantes de la végétation urbaine permettant, enfin, de générer un arbre de décision à l'aide des statistiques d'ordre 2. La limite de cette étude est le recours à une seule information sans tenir compte de l'imperfection des cartes d'abondances, ce qui réduit la précision des résultats produits.

Les méthodes basées sur les statistiques d'ordre supérieur

Guis [Guis 07] présente une étude dont l'objectif est de déterminer les paysages favorables à l'expansion du « Bluetong ». Elle combine les images satellitales à haute résolution spatiale avec des données écologiques afin d'identifier et de modéliser les paramètres environnementaux responsables du problème. Les variables étudiées ont été extraites d'une part du Modèle numérique d'élévation (MNE), et des images satellitales d'autre part (NDVI, carte d'occupation des sols, etc.) Une première étape est une analyse descriptive avec la matrice de corrélation de Pearson, suivie d'une analyse multi-variée définissant le modèle logistique pour chaque paysage. Enfin, une validation interne et externe permet de choisir le modèle le plus approprié.

Les méthodes basées sur une fusion probabiliste

Vasconcelos [Vasconcelos 04] utilise une fusion probabiliste pour intégrer les données dérivées des images satellitales avec d'autres données socio-économiques et environnementales dans un système d'information géographique. La génération d'une carte prévisionnelle permet enfin de dresser un nouveau plan de la zone d'étude pour la protection de Malaria. Ce travail ne traite pas l'imperfection des données. Ce travail n'aborde pas le problème de mixture spectral.

Les méthodes basées sur l'évaluation de la qualité géométrique et radiométrique des images

Lhomme [Lhomme 04] propose une approche qui se base sur l'évaluation de la qualité géométrique et radiométrique des images Ikonos ainsi que l'évaluation des méthodes de segmentations dans un objectif d'extraction des bâtiments. Les résultats obtenus ont conduit à définir comme objectif méthodologique de développer une méthode qui s'affranchit à la fois de l'utilisation des signatures spectrales et de la reconstruction des formes à partir de primitives extraites. Cette dernière est basée sur un processus d'identification par « forme imposée ». Ce processus, se base sur une définition texturale des bâtiments, prend en compte, à l'aide d'un paramètre unique (Discrimination par Rapport de Variance), la variance du bâtiment et de son entourage proche et permet de discriminer les bâtiments des autres types d'occupation du sol. Des informations additionnelles (présence d'ombre et de végétation) sont intégrées dans le but de diminuer les erreurs de commission [Lhomme et al. 05].

Les méthodes basées sur une fusion multi-approche

Farah [Farah 08] développe une approche s'articulant autour d'un processus de fusion d'images satellitales multi-capteurs permettant d'obtenir une image thématique plus proche de la réalité. L'auteur a essayé d'intégrer plusieurs méthodes de modélisation des imperfections par fusion telles que la méthode probabiliste, la méthode possibiliste ou celle de l'évidence, ce qui a permis de bénéficier des apports de chacune de méthodes pour décrire une situation bien déterminée. Un apprentissage basé sur les avis des experts pour l'identification de la méthode de fusion la plus adaptée pour différentes séquences d'images. Ensuite, un apprentissage permettra à partir d'une base de règles et du module de raisonnement à base des cas de proposer la méthode de fusion la plus appropriée.

Les méthodes basées sur l'intégration de connaissances dans un système d'informations géographiques

- Freitas [Freitas 08] propose l'exploitation simultanée de la télédétection et des SIG pour définir un modèle statistique incluant tous les facteurs qui ont un impact considérable sur le phénomène du « schistosomiasis ». L'auteur, en essayant de résoudre une problématique classique dans la gestion des risques, a cherché à modéliser le lien caché entre les variables environnementales (le modèle numérique d'élévation) et les indices calculés à partir des images satellitales (NDVI) et les données socio-économiques de la ville sous forme d'une équation analytique. Il a démontré que l'utilisation conjointe de la télédétection et des SIG permet de prendre en considération l'hétérogénéité de la distribution spatiale de phénomène ce qui offre une gestion optimale des risques.

- Yue [Yue 06] propose, dans le cadre d'une étude portant sur le phénomène d'érosion, une combinaison selon un modèle RUSLE (un modèle empirique qui calcule l'érosion du sol selon une équation qui intègre plusieurs paramètres) d'indices multisources via un SIG. Les données analysées sont : l'érosivité du sol, la topographique déduit à partie du modèle numérique d'élévation et une carte d'occupation du sol obtenues à partir d'une image Landsat. Ces facteurs permettaient de dresser la carte du risque potentiel d'érosion via un SIG.

- Bannari [Bannari 07] montre qu'en utilisant la spectroradiométrie, il est possible de caractériser les différents niveaux de dégradation des sols en fonction de la variation de leurs propriétés spectrales. Cette recherche porte sur l'application d'une approche géomatique pour l'identification et la cartographie des risques d'érosion dans la région du barrage Hassan-I dans le Haut Atlas marocain.

L'approche proposée utilise des variables géomorphométriques, dont l'indice d'énergie d'eau dérivé d'un modèle numérique d'altitude (MNA). Elle se base aussi sur l'utilisation de variables spectrales, telles que les indices décrivant la forme des spectres des sols et les indices de végétation vivante et sénescente, calculés à partir des mesures spectroradiométriques et d'une image acquise par le capteur ETM+ de Landsat-7. L'intégration de ces données dans un SIG a permis des analyses multicritères pour la cartographie et l'identification des secteurs de susceptibilité à la dégradation. Les résultats obtenus montrent l'apport significatif de l'intégration dans un SIG des variables spectrales et géomorphométriques dérivées, respectivement, des données de télédétection et d'un MNA pour la cartographie des aires exposées à l'érosion dans les versants de la région d'Azilal au Maroc.

- Elbouqdaoui propose une étude qui a pour objectif principal l'établissement d'un diagnostic général sur l'érosion des sols du bassin versant (BV) de l'oued Srou (Moyen Atlas, Maroc) [Elbouqdaoui 06]. Ainsi, pour pouvoir déterminer les zones les plus vulnérables aux phénomènes de dégradation des terres, il a été fait appel à un Système d'information géographique (SIG) en tant qu'outil d'analyse spatiale et d'aide à la décision. Le modèle utilisé est celui développé par Manrique en 1988 sous le nom de Land Erodibility Assessment Methodology (LEAM). Ce modèle intègre trois facteurs : l'érodibilité des sols, la pente et l'érosivité des pluies. Les SIG, leurs a en outre, servi d'outil pour acquérir les données spatiales, élaborer une base de données géospatiales, dériver de nouvelles données au moyen de l'analyse spatiale et thématique et produire les cartes correspondantes. Le résultat est une carte du risque potentiel d'érosion des sols qui localise les zones les plus menacées nécessitant la mise en œuvre de moyens de conservation adéquats.

Les méthodes basées sur un suivi par homogénéité des sources

Dutkiewicz [Dutkiewicz 03] examine l'efficacité et le potentiel des images hyperspectrales aéroportées caractérisés par une très haute résolution spatiale et spectrale pour la cartographie de la salinité des terres. En remarquant que très peu de travaux se sont intéressés a combiner les cartes obtenues après le démixage des IHS avec d'autres types de données, l'article propose une méthodologie novatrice pour l'établissement d'une carte prévoyant le risque potentiel du phénomène étudié : les auteurs ont exploité la richesse de l'information spectrale offerte par les IHS afin d'analyser le phénomène de salinité des terres : à partir de missions terrain, les thématiciens ont pu dégager les symptômes au niveau des sols en terme d'existence de matériaux. Ensuite, une procédure de démixage des IHS est réalisée et les cartes d'abondances sont générées. En choisissant des seuils au niveau des fractions des matériaux symptômes déjà identifiées, il a pu dresser une carte de risques. Dans le même cadre, plusieurs études ont essayé de combiner la télédétection hyperspectrale avec autres types de données telle que le modèle numérique d'élévation (MNE), leur limite principale était la résolution spatiale.

Les méthodes basées sur les automates temporisés

Largouet [Largouet 00], définit dans ses travaux, dans le cadre du projet Bretagne Eau Pure, une méthode pour interpréter une séquence d'images de télédétection portant sur un paysage. La contribution principale de cette thèse est une nouvelle méthode de reconnaissance de l'occupation du sol dont l'originalité est de s'appuyer sur un modèle d'évolution de la parcelle agricole pour améliorer les résultats obtenus par les outils traditionnels de classification d'images à l'aide d'automates temporisés. La parcelle agricole est donc considérée comme un système dynamique qui change d'état à la faveur des rotations annuelles et des pratiques culturales. Largouet a démonté que les automates temporisés permettent au mieux de représenter les contraintes temporelles et les transitions d'états par rapport aux différents formalismes utilisés pour la supervision des systèmes dynamiques.

Les méthodes basées sur la vision cognitive

Hudelot [Hudelot 05], propose des travaux dans le domaine de la vision cognitive en proposant une plateforme fonctionnelle et logicielle pour le problème complexe de l'interprétation sémantique d'images. Ces travaux se focalisent sur la proposition de solutions génériques et indépendantes de toute application. La plate forme proposée, fournit des outils réutilisables pour la conception de systèmes d'interprétation sémantique d'images. L'interprétation sémantique d'images utilisée est effectuée en trois phases : (1) l'interprétation sémantique, (2) la gestion des données visuelles pour la mise en correspondance des représentations abstraites haut niveau de la scène avec les données image issues des capteurs et (3) le traitement d'images. L'architecture proposée est une architecture distribuée qui se base sur la coopération de trois systèmes à base de connaissances (SBCs). Chaque SBC est spécialisé pour un des sous problèmes de l'interprétation d'images. Pour chaque SBC, un modèle générique a été proposé en formalisant la connaissance et des stratégies de raisonnement dédiées. Les solutions proposées ont été validées sur une application de

41

diagnostic précoce des pathologies végétales et en particulier des pathologies du rosier de serre.

Les méthodes basées sur les réseaux sémantiques

Le Ber, [LeBer 02] utilise dans la description des paysages dans les images satellitales une approche dont l'architecture hiérarchique repose sur un réseau sémantique formé par plusieurs classes d'instances d'objets. La description est basée sur un ensemble de connaissances à priori décrivant des classes de paysages. Chaque objet est décrit par un ensemble de deux types de propriétés. Les premières décrivent les concepts, alors que les deuxièmes décrivent les relations entre les différents concepts.

Les méthodes basées sur une interprétation directe des états de surface du sol

Escadafal [Escadafal 86] propose une étude sur le suivi radiométrique de terrain afin de définir l'évolution des états de surface des sols de diverses couleurs en fonction de leur recouvrement par la végétation et des ombres portées de la végétation.

Son travail se base sur l'importance de la couche de la surface du sol qui constitue l'interface au niveau de laquelle s'exerce la réception des flux thermiques et hydriques et biologiques. C'est aussi le lien qui régit la séparation des eaux, entre infiltration et ruissellement, d'où son importance en matière d'érosion. Ainsi, divers types de sols peuvent être caractérisés à l'aide des données radiométriques de terrain lorsqu'il y a transport entre la surface du sol et le type de sol. Aussi, étant donné que la luminance mesurée depuis l'espace étant toujours fortement corrélée aux données radiométriques de terrain [Thompson et al. 83], il est donc possible d'interpréter les états de surface par satellites en se basant sur la réflectance du terrain.

Les méthodes basées sur une interprétation indirecte des états de surface

Girard [Girard 86] trouve que l'interprétation la plus efficace des états de surface à partir des images satellitales associe l'utilisation des méthodes assistées par ordinateur et l'analyse visuelle. Ainsi, l'interprétation visuelle permet l'analyse la plus sûre des structures de l'image, par contre c'est en utilisant les possibilités de l'ordinateur que l'interprétation des textures se fait le plus rigoureusement.

Les méthodes basées sur les modèles neuro-flou

-   Boujelbene [Boujelbene 07] propose un modèle neuro-flou pour aborder le problème de classification phonémique. Il procède par la mise en œuvre d'un Système à Inférence Floue (SIF), que nous définirons plus tard dans ce chapitre, pour chaque phonème de type voyelle. A cet effet, il a utilisé la base de sons DARPA TIMIT pour assurer l'extraction des paramètres caractéristiques. Ensuite, Il a appliqué sur l'ensemble de cette base le principe du modèle flou de Takagi-Sugeno-Kang (TSK), que nous définirons, aussi, plus tard dans ce chapitre pour créer des SIF permettant la classification phonémique.

- Mahdaoui [Mahdaoui 07] a présenté un nouvel outil de diagnostic neuro-flou en suivant l'approche AMDEC, il a détaillé la mise en œuvre d'un exemple d'application industrielle par l'outil de développement NEFDIAG. Il a illustré d'utilisation de son outil d'aide au diagnostic sous forme d'un prototype « NEFDIAG » installé sur un PC, ce développement a été réalisé au « LAP ». Il a abordé les différentes étapes à suivre pour l'élaboration d'un système d'aide au diagnostic à partir des méthodes de classification et des reconnaissances floues des formes. Nous avons jugé utile d'intégrer ce travail dans notre étude bibliographique, malgré qu'il n'est pas appliqué sur des données spatiales, pour tirer profit de sa robustesse applicative.

3.5 Synthèse et discussions

Plusieurs idées clefs ressortent de l'étude de ces systèmes, mettant en évidence quelques règles pour la construction d'un système d'interprétation des IHS pour la gestion de risque naturel:

– A la fois pour des raisons historiques (la nouveauté de la télédétection hyperspectrale) et à cause de la nature ardue du sujet qui nécessite de nouvelles procédures d'analyse et d'interprétation de scène, la plupart des travaux, menés jusqu'à présent dans ce contexte, se sont focalisés, principalement, sur la proposition de nouvelles méthodes pour l'extraction des informations et le démixage spectral (séparation de sources et génération de cartes d'abondance). Très peu de travaux se sont intéressés **à interpréter, réellement, les résultats du démixage spectral**. L'exploitation de ces résultats s'est limitée à des classifications basées sur l'attribution à chaque pixel d'une étiquette selon des règles de décision rigides (l'inverse des règles floues).

– Malgré la multitude d'imperfections touchant le processus de traitement des IHS, la majorité de travaux **accordent peu d'importance à la proposition des théories appropriées pour leur modélisation**. Les principales sources d'imperfection sont liées à la fiabilité des méthodes d'analyse et à la nature de données mobilisées. En effet, la plupart des données impliquées dans la gestion des risques sont des données imparfaites. Ces imperfections et d'autres encore se propagent dans tout le modèle, entraînant des erreurs dans l'évaluation et la prédiction du risque. En théorie, c'est possible de quantifier cette incertitude, en utilisant soit une approche analytique, soit une simulation de Monte Carlo [McDonnell 98]. Tandis qu'en

43

pratique, c'est assez difficile de faire des estimations, même grossières, des erreurs associées à chaque facteur individuel, en raison de l'interdépendance de certains facteurs. L'ignorance des imperfections est justifié entre autres, par le fait que la télédétection hyperspectrale et la gestion des risques est un champ de recherche qui attirent les thématiciens plutôt que les cognitiens. Une collaboration entre les divers pôles de compétences au carrefour de l'interprétation d'IHS ne peut être qu'un choix promoteur.

– La majorité des méthodes d'interprétation, décrites dans la section précédente, sont applicables dans un contexte particulier, avec des conditions expérimentales bien choisies, qui montrent leurs limites en termes de **compromis précision/coût** (utilisation de données lithologiques couteuses, d'images à haute résolution spatiale, superposition d'images à travers des SIG, et d'autres).

– La gestion des risques est un domaine qui inclut plusieurs types d'application. Le souci d'intégrer des données multisources représente un axe commun dans la quasi-totalité des travaux de recherche présentés. On ressent, ainsi, l'intérêt de proposer un cadre de travail générique, évolutif et adaptable à plusieurs contextes. **Doter ce système d'une composante d'apprentissage**, chose très peu utilisée dans les travaux de recherche étudiés, semble alors être d'un intérêt particulier, permettant d'optimiser l'efficacité et de réajuster les paramètres du système.

Parmi les solutions présentées, on peut dégager un certain nombre d'approches prometteuses pour notre contexte :

L'utilisation de la logique floue pour la fusion de connaissances de nature hétérogène et entachées d'ambigüité semble donner une meilleure précision dans les travaux réalisés. L'introduction des connaissances à priori est crucial pour l'évaluation et la prédiction de risque naturel. Cependant, il ne faut pas oublier que ces connaissances, fournies généralement par un expert, ne sont pas toujours complètes pour construire un système prévisionnel, les techniques d'apprentissage ont pour objectif de pallier à cette insuffisance. L'objectif poursuivi, est d'apprendre le système à partir d'une base d'apprentissage. Les réseaux de neurones sont un cas particulier, très utilisés comme technique d'apprentissage. Il semble, alors, qu'un seul type de traitement ne soit pas suffisant, seule l'association de plusieurs processus permettra d'accroitre la robustesse de la méthodologie.

Dans une approche intégrant les réseaux de neurones, il est donc important de bien choisir la structure du réseau en rapport avec les objectifs visés, de sorte à assurer des délais d'apprentissage et des capacités génériques optimales. Les systèmes hybrides neuro-flous visent à intégrer au mieux une connaissance d'un expert définie par des techniques floues avec une connaissance induite par des techniques neuronales.

3.6 Conclusion

Plusieurs idées clés ressortent de l'étude de ces systèmes mettant en évidence quelques règles pour la construction d'un système fiable d'interprétation des IHS. Dans notre approche, nous proposons de tirer profit des avantages de certains systèmes et de remédier aux inconvénients des autres. En effet, on utilisera plusieurs sources de connaissances, relatives aux IHS et aux données externes particulièrement des mesures terrains, connaissances de l'expert, des données thématiques et d'autres. De plus, nous ferons appel à des algorithmes préexistants et dans certains cas les adapter à notre contexte de travail. Le système proposé peut être appliqué à plusieurs domaines de gestion de risques potentiels. L'approche proposée est hybride en ce sens qu'elle permet, dans un premier temps, et après une phase de préparation de données considérée comme une étape incontournable, d'analyser qualitativement et quantitativement l'IHS par séparation aveugle des sources et quantification de leur abondance et de décomposer une information en plusieurs composants et dans un second temps de fusionner ces composants avec d'autres sources externes pour la production d'une carte prédictive de risque naturel. L'architecture du système proposé est modulaire, les connaissances y sont représentées par des règles d'inférences et les résultats fournis sont relatifs aux différents niveaux de risque naturel.

Dans le chapitre suivant, nous allons détailler l'approche hybride proposée et montrer les différentes méthodes que nous avons proposés et algorithmes utilisés pour le démixage spectral et la fusion de connaissances. Son application sur un cas réel de prédiction fera l'objet du cinquième chapitre.

Démixage spectral d'images hyperspectrales et fusion possibiliste des connaissances

4.1. Introduction

Remémorons-nous l'introduction du manuscrit, notre étude se situe dans le cadre d'une interprétation semi-automatique d'IHS. Cet objectif peut être atteint par l'introduction de deux concepts, celui de traitement du signal, par la proposition de nouvelles méthodes de démixage spectral, et celui, de l'intelligence artificielle, par la proposition de nouvelle approche pour la fusion possibiliste des connaissances Post démixage spectral.

Ce chapitre vise à définir un cadre général d'intégration de connaissances multisources, utilisables dans un objectif opérationnel favorisant leur complémentarité. Il s'agit d'une approche originale, différente des travaux précédents sur le sujet, dans laquelle un modèle prévisionnel sera développé caractérisant les risques naturels relatifs à un phénomène particulier source de menaces. A ce titre, l'emploi d'images hyperspectrales implique que l'approche proposée soit à la fois robuste vis-à-vis des propriétés intrinsèques originales de ce type d'image et assez générique pour s'adapter aux divers contextes d'applications.

4.2. Schéma global de l'approche proposée

L'essence de notre approche s'articule autour d'un processus de fusion combinant les connaissances extraites par démixage spectral de l'IHS (les cartes d'abondances) avec d'autres types de données issues de différentes sources, permettant enfin de générer une carte prévisionnelle du risque naturel.

D'abord, pour réaliser le démixage spectral des IHS, nous proposons une méthode hybride combinant les techniques de séparation aveugle des sources (SAS) au calcul de similarité spectrale. L'objectif de cette phase est de proposer une solution au « fameux » paradigme des mixels permettant une extraction fidèle des sources (représentant chacune un type particulier de matériau) et une estimation précise de leurs signatures spectrales (EM) ainsi que leurs fractions (taux d'abondance). Le calcul de similarité spectrale permet ensuite de comparer le spectre de chaque EM extrait de l'image avec l'ensemble de spectres de référence, en vue de le labéliser. Les cartes d'abondances obtenues à l'issue de cette étape permettent une identification précise à l'échelle sub-pixellaire de la distribution spatiale des matériaux composant la scène analysée. Elles représentent à ce titre, une avancée remarquable et un outil incontournable pour l'observation précise de la terre (à l'échelle sub-pixellaire).

Cependant, l'élaboration d'un modèle prévisionnel à partir des seules cartes d'abondances est un exercice impossible à ce stade de réflexion compte tenu de l'imperfection et de l'incomplétude desdites données [Lennon 02]. L'incomplétude soulevée par ces nouvelles données exige une confrontation avec d'autres sources d'information permettant d'atteindre effectivement les objectifs scientifiques et opérationnels de l'étude.

Notons aussi, que la gestion de risque lié aux phénomènes naturels a été associée, le plus souvent, au calcul d'imperfection [Congar 00]. Ainsi, nous avons pu identifier 3 types d'imperfection:

- Incertitude liée à la nature : c'est une conséquence de la variabilité spatio-temporelle du processus dans la nature (exemple : précipitation, changements climatiques) qui introduit une fonction aléatoire dans le processus physique.

- Ambiguïté liée à la validité d'une connaissance (défini dans le premier chapitre).

- Incertitude liée aux difficultés dans l'énoncé de la véracité binaire d'une connaissance (défini dans le premier chapitre).

Ainsi, la proposition de modèle pour l'interprétation des IHS doit tenir compte de toutes ces imperfections associées à la gestion de phénomènes naturels tel que l'érosion, l'inondation, la désertification et d'autres. En d'autres termes, ces phénomènes ne procèdent pas d'un mécanisme de « tâche d'huile » qui s'étendrait peu à peu, mais beaucoup plus d'un processus de remplissage sporadique. Dans ce cas, les paramètres de modélisation ne seront pas optimaux et le phénomène surveillé pourra ne pas être correctement contrôlé et représenté [Onana et al. 08].

Face à la multitude de théories de modélisation et de traitement des imperfections, c'est la question du choix d'une théorie en particulier et d'un examen minutieux des champs d'application qui s'imposent dans tout essai de modélisation. Une fois que la nature prédominante de l'imperfection de l'information est identifiée, on fera appel à une théorie particulière de modélisation de cette imperfection. En outre, un des plus grands problèmes que rencontre le cogniticien lorsqu'il tente de formaliser le savoir d'un expert, c'est que celui-ci est capable de raisonner sur des connaissances ambigües et qu'on ne dispose que de très peu d'outils pour rendre compte de cette capacité [Tomsovic et al. 00]. Il s'agit d'une problématique différente de la science objective.

Par essence, la logique floue propose des formalismes pour prendre en compte le caractère nuancé des informations verbales, d'éviter les effets de seuil dans les systèmes de traitement d'information et de formaliser un raisonnement de type interpolatif. Cette modélisation est réalisée à l'aide des règles floues permettant ainsi de dépasser les limites imposées par le caractère ambigu des données et les incertitudes liées aux phénomènes naturels et à la fiabilité des méthodes d'analyse.

D'autre part, lors de la conception de notre système, nous disposons principalement de deux sources de connaissances : La première source est la connaissance experte. Il s'agit du mode d'acquisition le plus usuel, parce que le moins onéreux et qui traduit, d'une manière structurée, en langage naturel la connaissance humaine sous la forme de règles floues.

Cependant, cette source de connaissances ne peut être exhaustive pour couvrir, voir répondre à tous les cas de figure du domaine étudié. D'où, l'utilité d'une deuxième source de connaissances fournie à partir des données expérimentales. Il s'agit de connaissances cachées, non structurées et qui nécessitent un processus d'induction pour être formalisées.

Les caractéristiques des deux sources de connaissance précitées montrent que leur coopération ne peut être que bénéfique pour la conception de systèmes de gestion de risques. En effet, le savoir-faire de l'expert doit être valorisé, par la définition d'une base de règles floues. Cette base traduit la connaissance disponible de l'expert en rajoutant généricité et sémantique. Cette dernière, est assurée par la complétude et la lisibilité des règles définies.

Dans ce sens, la fusion d'informations consiste à combiner des informations issues de plusieurs sources afin de mieux orienter la prise de décision [Bloch 04]. Les réseaux neuro-flous (RNF) ont été adoptés comme technique de fusion et d'interprétation. En effet, l'utilisation de telles architectures s'avère primordiale et motivé par la complexité des systèmes réels qui rend souvent la modélisation impossible surtout pour les outils fondés sur des modèles mathématiques rigides. En plus, les RNF sont connus par leur capacité de traiter par un même outil des connaissances numériques et symboliques. C'est essentiellement pour ces raisons, que notre choix s'est orienté « naturellement » vers les outils combinant plusieurs sources et types de connaissances. L'approche proposée (figure 4.1) est scindée sur quatre phase à savoir, la préparation des données, le démixage spectral, la modélisation et apprentissage des connaissances et l'extraction des connaissances. Tous ces modules seront détaillés dans la suite de ce chapitre :

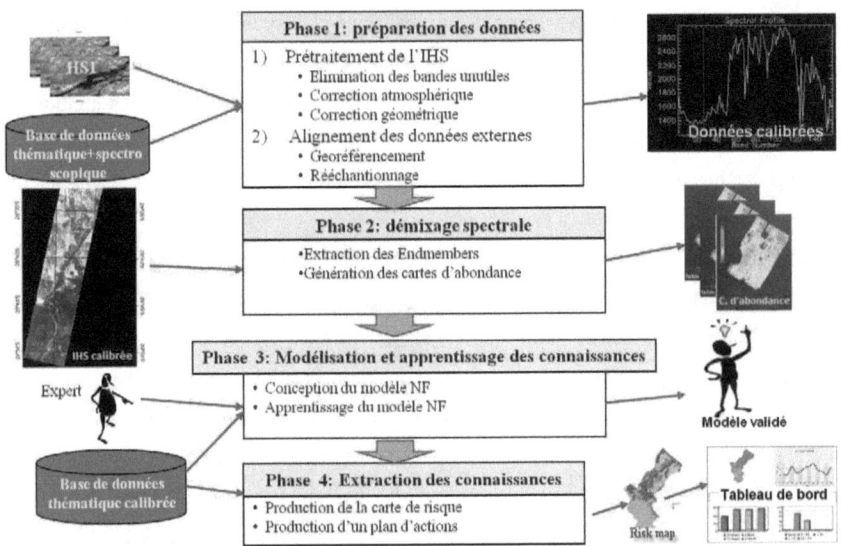

Figure 4.1 – Schéma global de l'approche proposée

4.3.   Préparation des données

4.3.1. Prétraitement de l'image hyperspectrale

En plus des prétraitements réalisés par l'organisme d'acquisition des IHS, d'autres corrections s'avèrent plus que nécessaire pour assurer autant que possible la fiabilité des données de l'IHS. Le choix d'une méthode de correction dépend essentiellement de la disponibilité des connaissances a priori, des outils de traitement et du niveau de précision désiré. Généralement, trois types de correction sont prévus pour atteindre cet objectif, nous citons en l'occurrence, la correction radiométrique, la correction des effets atmosphériques et la correction géométrique. L'ensemble de ces corrections a été présenté et illustré par un cas d'application au deuxième chapitre.

4.3.2. Alignement des données externes

Cette étape admet un double objectif, le premier concerne le géoréférencement des données thématiques en se basant l'IHS géoréférencée pour qu'elles représentent les mêmes entités. Tandis que le deuxième, concerne la définition d'un espace de représentation commun pour les spectres de l'image (résolution 10 nm) et ceux du terrain (résolution 1 nm). Toutefois, malgré que ces mesures possèdent une meilleure résolution spectrale, un alignement des paramètres de la base de signatures spectrales (pas d'échantillonnage et gamme spectrale) à ceux du capteur hyperspectral est primordial. A cet effet, nous moyennons chaque 10 points de données pour simuler une résolution de 10 nm dans l'analyse. Pour uniformiser la gamme spectrale, nous choisissons une gamme commune qui représente l'intersection de la gamme de l'image et celle des spectres de la base.

4.4. Méthode de démixage spectral proposé « SAMSU »

4.4.1. Formalisme utilisé

L'objectif du présent module est de proposer une réponse adéquate au problème des mixels (pixels mixtes). Cette solution doit permettre une extraction fidèle des EM et une estimation précise de leurs taux d'abondances. Ces taux résultant du processus de démixage spectral seront utilisé pour estimer la distribution spatiale des unités homogènes du sol en fonction de leur nature lithologique.

De nombreuses méthodes de démixage spectral, basées sur un modèle de mélange linéaire, ont été proposées dans la littérature. Nous citons en l'occurrence, les méthodes Multiple Endmember Spectral Mixture Analysis (MESMA) [Roberts et al. 98], Spectral Mixture Analysis (SMA) [Kruse et al. 93], Derivative Spectral Unmixing (DSU) [Zhang et al. 04], Variable Multiple Endmember Spectral Mixture Analysis (VMESMA) [Garcia et al 05], Singular Value Decomposition (SVD) [Boardman 89], Subspace Projection (SP) [Harsanyi et al. 06], Maximum Likelihood (ML) [Settle 96]. L'inconvénient majeur de ces méthodes réside dans leur dépendance à la bibliothèque spectrale qui est, dans la pratique, difficile à obtenir. Pour remédier à cette contrainte, plusieurs travaux basés l'ACI ont été proposés dans la littérature [Wang et al. 06] [Alexis et al. 07]. L'application de l'ACI pour le démixage spectral est très connue dans les traitements de séparation aveugle de sources. Ainsi, son applicabilité à l'extraction des EM semble naturelle et justifiée [Hyvarinen et al. 00]. Ces méthodes n'exigent pas des informations a priori et travaillent à partir de l'unique information portée par l'image. Toutefois, ces méthodes présentent aussi, certains inconvénients, principalement, en termes de sensibilité aux effets de changement d'illumination, causés essentiellement, par les effets de l'ombrage [Lillesand et al. 94]. La figure 4.2 illustre de la variabilité d'illumination intra-classe à travers 3 signatures spectrales d'une même classe, choisies sur trois sites avec trois courbes de niveau différentes.

Pour répondre à cette problématique, nous avons proposé une nouvelle méthode basée sur l'ACI pour la séparation des sources et les mesures d'angles spectraux pour la quantification de leurs abondances [Ben Rabah et al. 11]. Cette méthode se distingue d'autres techniques par la prise en compte des effets de variation d'illumination intra-classe appelés aussi, illumination secondaire. Nous la détaillons dans la suite de ce chapitre (cf. paragraphe 4.4).

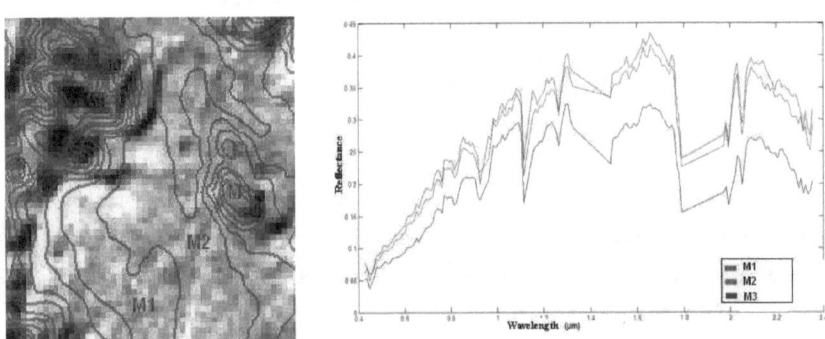

Figure 4.2 : Illustration de la variabilité d'illumination intra-classe à travers 3 signatures spectrales d'une même classe, choisies sur trois sites avec trois courbes de niveau différentes

4.4.2. Description da la méthode de démixage spectral proposée

La conception d'un processus d'analyse d'IHS, visant à extraire de l'information utile pour une application particulière, peut être menée grâce à une modélisation qualitative et quantitative du système dans sa globalité. Le processus développé devra avoir pour objectif d'être optimal au sens d'un critère prédéfini bien approprié. A ce titre, les IHS servent essentiellement à l'extraction de paramètres de description des caractéristiques spectrales des éléments de la scène analysée. Contrairement aux méthodes de classification classique dont l'objectif se restreint à assigner un seul label à chaque pixel, la technique de démixage spectral permet une cartographie des éléments de la scène à l'échelle sub-pixellaire par l'analyse des abondances.

La figure 4.3 présente la démarche proposée pour le démixage spectral de l'IHS. Cette démarche est scindée en trois étapes principales à savoir, la réduction de la dimensionnalité, l'extraction des EM et la génération des cartes d'abondance étiquetées.

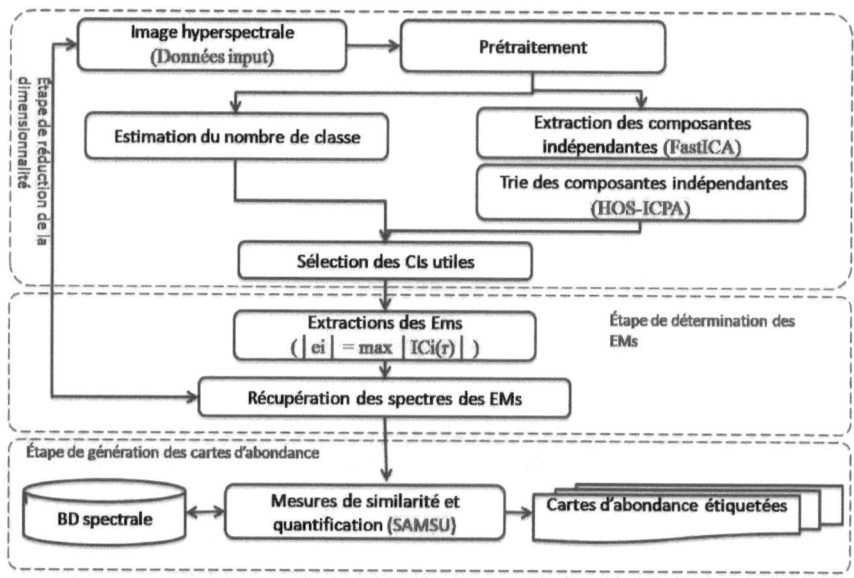

Figure 4.3 : Approche de démixage spectral

4.4.3. Etape de réduction de la dimensionnalité

En raison du nombre important de bandes spectrales, l'application d'un processus de réduction de la dimensionnalité est une étape préliminaire, incontournable à tout processus d'analyse d'IHS. Ce problème, bien connu en télédétection, peut être abordé en faisant appel à différentes techniques, suivant le degré de précision recherché.

Parmi ces techniques, nous citons celle de l'Analyse en Composante Principale (ACP), considérée la plus classique et la plus utilisée en imagerie multispectrale [J.-L. Starck 98]. Cette méthode se base sur la décorrélation des données par diagonalisation de la matrice de covariance globale. C'est une méthode globale qui suppose implicitement que la distribution des données dans l'espace initial est hyperellipsoïdale, caractérisée par la moyenne et la matrice de covariance globale. Etant donné, que cette approche basée sur un critère énergétique global, elle peut entrainer la perte d'information fine, telle que des EM, dont la présence est rare dans une scène. Et par conséquent, l'ACP s'avère mal adaptée aux IHS.

Dans notre étude, nous avons opté pour la méthode ACI qui a fait l'objet de nombreux développements et qui s'avère la plus éprouvée et la plus adaptée en imagerie hyperspectrale [Homayouni 05]. Son objectif se résume à une transformation de l'espace de représentation de l'image hyper-dimensionnel, en un espace beaucoup plus réduit où seulement des composantes utiles seront conservées. Concrètement, ceci consiste à générer, dans un premier temps, autant de CI que de bandes spectrales en utilisant une technique d'extraction des CI. Dans un deuxième temps, à sélectionner les CI les plus significatives par la définition d'un critère de choix. C'est la phase de réduction de la dimensionnalité que nous proposons de détailler dans ce qui suit.

4.4.3.1. Extraction des composantes indépendantes

Trois algorithmes ont été, majoritairement, proposé dans la littérature pour l'implémentation de l'ACI pour des données hyperspectrales. Il s'agit de FAST-ICA [Hyvarinen et al. 97], JADE [Cardosso et al. 93] et SOBI [Belouchrani et al. 97].

FAST-ICA repose sur les méthodes stochastiques de gradient avec une technique d'itération du point fixe, la fonction de contraste optimisée par FAST-ICA est une fonction de contraste général définie sur les kurtosis. L'algorithme JADE utilise un algorithme Jacobien pour optimiser une fonction de contraste, la fonction utilisée par JADE s'appuie sur les cumulants d'ordre croissant. Enfin, SOBI utilise les statistiques de second ordre basé sur la diagonalisation conjointe d'un ensemble de matrices de covariance. Le choix d'un algorithme particulier est orienté par la nature d'application [Yan et al. 00].

Pour cette étude, notre choix s'est fait sur l'algorithme FAST-ICA en se référant aux résultats d'une étude comparative des trois algorithmes [Farah 03]. L'algorithme choisi permet de

53

générer autant de Composantes Indépendantes que de bandes spectrales. Cependant, dans la réalité, cette richesse en information spectrale n'est pas totalement exploitable. Il est donc judicieux de proposer une solution qui permettra de trier les CI et ensuite ne sélectionner que les plus utiles. Pour ce faire, nous avons introduit un calcul de priorité sur chaque composante afin de les ordonner par rang croissant. Pour calculer le score de priorité pour chaque composante indépendante générée par l'ACI, nous avons utilisé les Statistiques d'Ordre Supérieur (CSOS) [Ishigami et al. 95] combinant les statistiques d'ordre trois et d'ordre quatre. Le score est calculé selon la formule (4.1):

$$\text{Scrore} - \text{priorité}(\text{CI}_i) = \left(\frac{1}{12}\right)[\kappa_i^3]^2 + \left(\frac{1}{48}\right)[\kappa_i^4 - 3]^2 \tag{4.1}$$

Avec z_n^i est la valeur de niveau de gris de la $n^{\text{éme}}$ pixel da la ième CI.

Avec κ_i^3 et κ_i^4 sont respectivement les moments d'ordre 3 et 4 de la ième CI.

ζ_i^3 variable aléatoire dont la valeur est spécifiée par la valeur du niveau de gris de la 3ième pixel de la iième CI.

$$\kappa_i^3 = E[\zeta_i^3] = \left(\frac{1}{MN}\right) \sum_{n=1}^{MN} (z_n^i)^3 \tag{4.2}$$

$$\kappa_i^4 = E[\zeta_i^4] = \left(\frac{1}{MN}\right) \sum_{n=1}^{MN} (z_n^i)^4 \tag{4.3}$$

M et N sont les nombres respectifs des lignes et des colonnes de l'image.

Ainsi, nous obtenons à la fin de ce traitement un classement par ordre de priorité de toutes les CI. Il est donc possible de sélectionner seulement les CI utiles dont le nombre est encore inconnu. Nous verrons au paragraphe suivant, une solution technique proposée dans la littérature en réponse à cette problématique.

4.4.3.2. Estimation du nombre des Endmembers

Pour la résolution de l'équation qui définit le modèle linéaire de l'IHS présentée au chapitre 2, une estimation judicieuse du nombre d'EM, qui peut être à l'origine d'une complexité exponentielle et un temps de calcul très important [Chang et al. 03], s'avère indispensable. Le processus de résolution de cette équation, pour les IHS est légèrement différent de l'application commune d'ACI sur des images multispectrales en raison du nombre des EM, généralement, largement inférieur à la dimension intrinsèque de l'image [Chang et al. 03].

Une des techniques d'estimation, a priori, du nombre d'EM proposée dans la littérature, et qui nous semble bien adaptée aux IHS s'appelle Virtuel Dimensionality (VD) [Chang 04]. L'auteur propose deux algorithmes Harsanyi–Farrand–Chang (HFC) et Noise-Whitened HFC (NWHFC).

Le premier se base sur la comparaison des valeurs propre triées par ordre décroissant et prise deux à deux de la matrice de corrélation avec celle de covariance. Si la valeur propre de la matrice de corrélation est supérieure à celle de la matrice de covariance et que cette dernière est supérieure à la variance du bruit alors on est en présence d'un EM qui contribue à la valeur propre de corrélation en plus du bruit. Thématiquement, ceci signifie qu'on est en présence d'une nouvelle classe. Par contre si les deux valeurs propres sont égales aux variances du bruit, la CI correspondante ne contient pas d'EM.

Le deuxième algorithme est similaire au premier sauf qu'il traite le bruit avant d'appliquer le HFC.

4.4.4. Etape d'extraction et d'étiquetage des Endmembers

L'extraction des EM à partir des CI retenues est réalisée en se basant sur une technique simple à implémenter, proposée par [Wang et al. 06]. L'idée consiste à sélectionner à partir de chaque CI retenue le pixel dont la radiométrie est maximale.

$$z_n^i = \max(CI_i) \qquad (4.4)$$

Avec z_n^i est la valeur de niveau de gris de la $n^{\text{éme}}$ pixel da la ième CI.

La signature spectrale du pixel sélectionné est supposée être une signature spectrale pure ou EM ou pôles de mélange ou encore signature spectrale prototype.

Une fois, les EM sont localisés à partir de leurs coordonnées dans l'image, il ne reste qu'à extraire leurs signatures spectrales relatives.

Le processus d'étiquetage (labellisation) consiste à assigner une signification thématique à chaque EM identifié. Pour ce faire, nous utilisons une technique de mesure de similarité spectrale basée sur le calcul d'angle spectral et une base de signatures spectrales de référence. Ce choix nous a été dicté par la disponibilité de données collectée sur terrain et reproduite en laboratoire.

4.4.5. Etape de quantification de l'abondance des Endmembers

Après avoir identifié, pour chaque pixel, les EM impliqués dans le mélange spectral relatif. L'étape de quantification permet d'estimer le taux d'existence ou la fraction d'abondance pour chacun d'entre eux. En d'autres termes, il s'agit d'introduire la composition d'un pixel comme étant la somme de ces taux. A cet effet, nous proposons de représenter ce pixel dans un espace tridimensionnel (figure 4.4), comme une variable quantitative exprimée en fonction de ses coordonnées dans l'image et de l'ensemble des sources qui le composent:

$$Q_i = f(X, Y, S_i) \qquad (4.5)$$

Avec
X et Y les coordonnées du pixel dans l'image
S_i la source i
Q_i la quantification de la source i

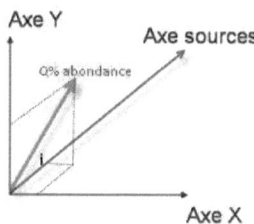

Figure 4.4 : Espace de représentation d'un pixel mixte

Ce modèle permet d'améliorer l'interprétation du pixel en l'affectant à une ou plusieurs classes et en quantifiant son abondance.

Dans ce qui suit, nous détaillons une nouvelle méthode [Ben Rabah et al. 11], partie intégrante dans l'approche méthodologique globale, pour la quantification de l'abondance. Cette méthode est nommée SAMSU « Spectral Angle Measure based Spectral Unmixing ». Elle se base sur un modèle de mélange linéaire et les mesures d'angles spectrales.

Commençons par rappeler l'équation du modèle de mélange linéaire :

$$x = \sum_{k=1}^{P} \alpha_k m_k + \varepsilon \qquad (4.6)$$

Avec x le spectre d'un pixel mixte (pixel observé), m_k les spectres des EM supposés être statistiquement indépendants, p le nombre des EM, α_k la proportion de mélange de la k-ième EM dans le pixel observé et ε est défini comme un bruit blanc gaussien additif considéré négligeable observé [Leung et al. 07]. L'équation (4.6) peut donc s'écrire comme

$$x = \sum_{k=1}^{p} \alpha_k \, m_k \tag{4.7}$$

Une telle investigation doit satisfaire deux contraintes physiques [Ishigami et al. 95] [Berenji 92] qui sont :

• La contrainte de la non-négativité des abondances

$$\alpha_k \geq 0 \qquad \forall \, k = 1,..,p \tag{4.8}$$

• La contrainte de la somme unitaire des abondances

$$\sum_{k=1}^{p} \alpha_k = 1 \tag{4.9}$$

Dans la plupart des cas, les données (les x) ne sont pas contenues dans le sous espace formé par les EM, essentiellement à cause des erreurs de modélisation et du bruit du capteur. Par conséquent, les coefficients doivent être estimés en utilisant une technique des moindres carrées.

Soit E l'espace vectoriel de tous les pixels, F le sous espace vectoriel de E engendré par $(m_i)_{i=1,...,p}$.

Si on munit E d'une structure d'espace affine, (4.7) peut être écrite sous forme matricielle :

$$MA = X \tag{4.10}$$

$$\text{Avec} \quad A = \left[\alpha_1, \cdots, \alpha_p\right]^{T}$$

Dans le domaine de l'imagerie hyperspectrale, le nombre de bandes spectrales L est largement supérieur que celui des EM p, et par conséquent (4.10) est surdéterminé, et n'admet donc pas de solution.

La détermination de A signifie trouver une combinaison linéaire des $(m_i)_{i=1,...,p}$ qui doit être égale à X. Ceci est vrai seulement si X appartient à F. Le problème est alors un problème d'optimisation qui consiste à trouver une combinaison linéaire qui minimise la distance à X.

$$\min (\|MA - X\|^2) \tag{4.11}$$

Etant donner que M est une matrice de rang complet (les colonnes sont linéairement indépendantes), la solution sans contrainte est donnée par la matrice connue comme le pseudo-inverse Moore-Penrose [T.N.E Greville et al. 03] de M

$$A = M^+ X \tag{4.12}$$
$$\text{Avec } M^+ = (M^t M)^{-1} M^t$$

Comme MM^+ est une projection orthogonale sur F, (4.12) peut être écrite comme

$$MA = MM^+ X = X_1 \tag{4.13}$$

X_1 étant la projection orthogonale de X sur F
Soit le sous-espace complémentaire orthogonal de F dans E

$$E = F \oplus F^\perp \tag{4.14}$$

Chaque vecteur X de E peut être écrit uniquement sous la forme :

$$X = X_1 + X_2 \tag{4.15}$$
$$\text{Avec } X_1 \in F , X_2 \in F^\perp \text{ et } \langle X_1 . X_2 \rangle = 0$$

(4.11) peut être écrit donc comme $\|MA - X\| = \|MA - X_1 - X_2\|$.
Minimiser $(\|MA - X\|^2)$ implique que :

$$MA = X_1 \tag{4.16}$$

58

Ainsi, (4.7) peut être réécrite comme

$$\sum_{i=1}^{p} \alpha_i m_i = X_1 \qquad (4.17)$$

X_1 peut être considéré comme le barycentre des EM $(m_i)_{i=1,\ldots,p}$ si la contrainte (4.9) est vérifiée. En plus, la contrainte de non-négativité (4.8) indique que X_1 appartient au convexe C $(m_1, \ldots, m_p)$ construit par l'ensemble des EM $(m_i)_{i=1,\ldots,p}$.

Pour tenir compte de ces deux contraintes physiques, trois cas peuvent être distingués:

Cas 1: la solution vérifie à la fois les deux contraintes (4.8) et (4.9) alors X_1 appartient au convexe $C(m_1, \ldots, m_p)$ comme le montre la figure 4.5. Donc, A est la solution avec contraintes et est donnée par la matrice pseudo-inverse de M.

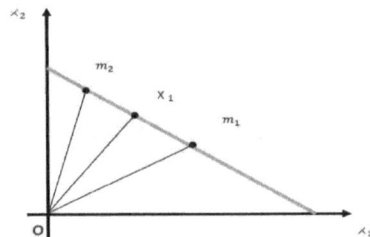

Figure 4.5: Pixel observé (X_1) appartient au convexe formé par $m_1$et m_2

Cas 2: la solution ne vérifie pas la contrainte de non-négativité (4.8), alors X_1 est out du cône formé par $(m_i)_{i=1,\ldots,p}$ comme le montre la figure 4.6. Dans ce cas X_1 est affecté par une erreur de direction et par conséquent, il n'ya pas de solution.

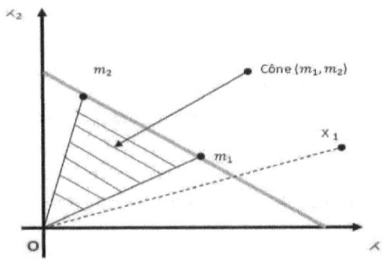

Figure 4.6:Pixel observé hors du convexe

Cas 3: La solution vérifie seulement la contrainte de non-négativité (4.8). X_1 n'appartient pas au convexe formé par les EM C (m_1, ..., m_p) mais le croise comme c'est illustré par figure 4.7.

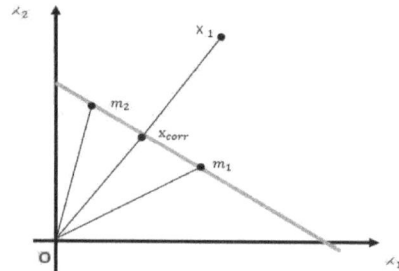

Figure 4.7: Pixel observé croise le convexe

Ce cas est le plus fréquent, il se produit, généralement, quand le pixel est bruité par un effet de changement d'illumination. Dans ce cas la direction du pixel est maintenu constante, tandis que l'amplitude est connue à un facteur près. Donc, (4.7) peut être transformé en :

$$\sum_{i=1}^{p} \beta_i v_i = u \qquad (4.18)$$

$$\text{Avec } \beta_i = \frac{\alpha_i \|m_i\|}{\|X\|}, \ v_i = \frac{m_i}{\|m_i\|} \text{ et } u = \frac{X}{\|X\|}$$

Si on pose $V = [v_1 \ v_2 \ ... \ v_p]$, $B = [\beta_{1,...}\beta_p]^t$ et $U = [U_{1,...}U_L]^t$

On peut réécrire (4.10) comme

$$VB = U \qquad (4.19)$$

Le problème de minimisation devient alors :

$$\min \left(\|VB - U\| \right) \qquad (4.20)$$

Dans ce cas la solution est donnée par la matrice pseudo-inverse de V

$$B = V^+ U \tag{4.21}$$

Avec $V^+ = (V^t V)^{-1} V^t$ pseudo-inverse de V

Posant $V^t V = \Gamma$ avec $\Gamma_{ij} = \cos(\theta_{ij})$, θ_{ij} mesure l'écart angulaire entre les EM m_i et m_j.

$$\Gamma = \begin{pmatrix} 1 & \cos\theta_{12} & \dots \cos\theta_{1N} \\ \cos\theta_{12} & 1 & \dots \cos\theta_{2N} \\ \vdots & \vdots & \vdots \quad \vdots \\ \cos\theta_{1N} & \cos\theta_{2N} & \dots \quad 1 \end{pmatrix}$$

Et

$$V^t U = \begin{bmatrix} V_1^t \\ \vdots \\ V_p^t \end{bmatrix} . U = \begin{bmatrix} \langle V_1 | U \rangle \\ \vdots \\ \langle V_p | U \rangle \end{bmatrix} = \begin{bmatrix} \cos\theta_1 \\ \vdots \\ \cos\theta_p \end{bmatrix}$$

Où $cos\theta_i$ est la mesure d'angle spectral entre le pixel observe et the ith EM.

B peut être écrit comme

$$B = \Gamma^{-1} V^t U \tag{4.22}$$

Il ya une infinité de solutions correspondant à la même direction, et qui diffèrent seulement par leur amplitude. Ainsi, λB est la solution correspondant à λU et λ doit être sélectionné de telle façon que la solution vérifie la contrainte (4.9)

Supposant que $A = \lambda B$, nous pouvons alors estimer le taux d'abondance par :

$$\alpha_k = \frac{\beta_k}{\sum_{i=1}^{P} \beta_i} \tag{4.23}$$

Pour résumer, nous pouvons dire que le problème d'optimisation admet souvent une solution qui est donnée par la matrice pseudo-inverse puisque M est de rang complet. Malheureusement, cette solution ne satisfait pas les contraintes (4.8) et (4.9) si le pixel est erroné. Ce pendant, si le pixel est affecté par une erreur d'amplitude, la solution au problème d'optimisation est déterminée à un facteur près. Il est estimé en imposant la contrainte de la somme unitaire (4.9) à la solution.

4.5. Proposition d'un système de fusion possibiliste de connaissances

La section précédente ayant présenté la méthode proposée pour l'analyse des mixels du pavé hyperspectral, a permis de générer les cartes d'abondance relatives aux EM présents sur une scène. L'état de l'art, présenté dans le deuxième chapitre, a soulevé que la littérature s'est montrée avare, en constatant que peu d'attention a été accordée à l'interprétation des résultats délivrées par le démixage spectral. Ceci est due, entre autres, à la nouveauté relative de ce type d'image et à la non maturité remarquée quand aux techniques proposées pour leur analyse [Homayouni 05]. La proposition d'une nouvelle approche pour l'interprétation des cartes d'abondances constitue la contribution principale de notre étude, que nous présentons dans le présent module.

4.5.1. Formalisme et description

Comme mentionné dans l'introduction du manuscrit, les programmes spatiaux d'observation de la terre avaient, jusque là, pour but de contribuer à l'avancement des connaissances scientifiques et de tester des outils spatiaux destinés à des utilisations au service des politiques nationales. Aujourd'hui, le *challenge* est de fournir des données répondant aux besoins des services opérationnels. Ainsi, la prévention et la gestion des risques naturels s'appuient, de plus en plus, sur des technologies d'observation spatiale, intégrant des systèmes d'imagerie (optique et radar), de spectroscopie (acquisition et analyse de données), de cartographie, qui sont intégrées dans des modélisations utilisant tous types d'informations (données in situ, données thématiques, données socio-économiques, etc.). Le choix d'un cadre approprié pour la fusion de diverses sources de données disponibles dans un tel contexte, s'avère plus que pertinent pour garantir la précision et la fiabilité de l'interprétation. La fusion, comme proposée dans le cadre de notre étude, combine deux types de données : les cartes d'abondances dérivées d'une IHS par démixage spectral et les données externes. L'utilisation de telles données à des fins de prévention des risques conduit, à utiliser une procédure explicative et déductive, c'est-à-dire à utiliser les cartes d'abondances combinées avec d'autres sources de connaissance comme un outil de prédiction, d'identification et de compréhension de l'évolution de l'état de surface. L'*output* du système sera alors une carte prévisionnelle des risques futurs. Ainsi, l'essence du présent module peut être vue comme le groupement des observations qui ont des caractéristiques similaires. Chaque observation est définie par un vecteur noté $Xi = [x_1, x_2, \ldots, x_L]^T$ dans un espace à L dimensions, ou L correspond au nombre d'attributs ou caractéristiques qui sont les *inputs* du modèle neuro-flou. Cet espace est connu sous le nom d'espace de représentation ou de description. Le regroupement des observations selon leurs caractéristiques permet la définition des classes décrivant différentes catégories d'un risque naturel particulier. L'ensemble des classes N= $\{N_k, k = 1, \ldots, \psi\}$ définit l'espace de décision de l'ensemble de risque naturel. Le regroupement des observations pour construire l'espace de décision est fait à partir d'une phase d'apprentissage.

Le modèle proposé englobe un apprentissage adaptatif afin de garantir une précision optimale d'interprétation. A ce titre, l'interprétation est essentiellement vue comme un problème de prédiction par une reconnaissance floue/symbolique des formes. Le but principal de ce module est de construire un bloc de correspondance tel qu'à partir d'un ensemble d'informations décrivant la situation courante, il est possible d'obtenir une prévision des risques futurs. Or, quand l'interprétation est basée sur des observations multiples, ces dernières sont regroupées pour former des classes qui définissent une qualification du risque auxquelles une nouvelle observation sera comparée pour être identifiée.

L'utilisation d'une approche possibiliste, notamment RNF dans un problème d'interprétation d'IHS pour la fusion de données hétérogènes offre la possibilité de modéliser des connaissances a priori et les règles linguistiques de décision obtenues par les experts du domaine. Il profite également des capacités et des avantages de l'inférence floue modélisée par une architecture neuronale parallèle. Cette architecture arrive à pallier la dimension boîte noire des RN (non-interprétabilité des neurones) par l'introduction de neurones spécialisés [Nauck et al. 99]. Ainsi, l'ajustement des paramètres du système flou (i.e. forme et position des sous-ensembles flous, nombre et poids des règles) se réalise par le biais de l'apprentissage neuronal [Lin 96]. L'objectif général d'un système NF est de savoir associer toute nouvelle entrée à une classe de l'espace de décision. L'affectation d'une observation à une des classes indique une opération de classement ou de discrimination.

La figure 4.8 présente l'architecture du modèle d'interprétation objet du troisième module de l'approche globale proposée. Ce modèle est scindé principalement autour de trois phases. Le descriptif détaillé de chacune de ces phases est explicité dans les paragraphes suivants.

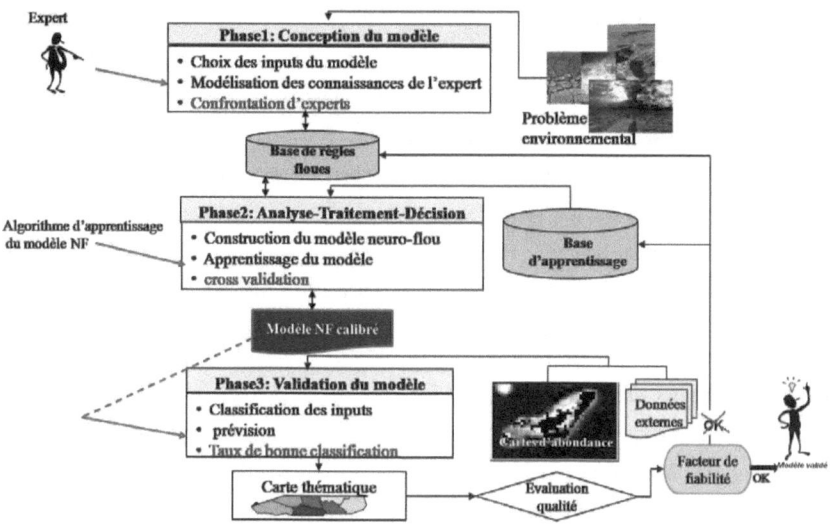

Figure 4.8 : Modélisation et apprentissage des connaissances

4.5.2. Phase de conception du modèle

En général, pour surveiller un phénomène naturel source d'un risque potentiel, il est nécessaire de disposer d'informations généralement délivrées par les capteurs spatiaux et/ou par d'autres sources de connaissances. Néanmoins, l'application individuelle d'une mesure ne permet pas toujours de définir les caractéristiques représentatives des différents risques naturels et une phase d'identification de la structure du modèle est souvent nécessaire. Cette phase se base sur la définition des *inputs* du modèle et la modélisation des connaissances de l'expert, en l'occurrence la structure et la forme des règles floues.

4.5.2.1. Choix des entrées du modèle

Le premier aspect à considérer dans l'élaboration du système au cours de cette phase, est de définir à partir des données corrigées, un nombre L de caractéristiques ou de descripteurs pertinents vis-à-vis des différentes situations ou risques naturels. Il n'existe pas de règle pour le faire, mais il faut trouver un compromis entre la dimension L du vecteur et la pertinence des caractéristiques et des résultats. Il est alors difficile de décider, dans l'absolu,

64

quelles sont les *inputs* les plus pertinents à instancier. Ainsi, il semble impossible de mettre en œuvre un critère de choix en-dehors de tout contexte applicatif. Très souvent ce choix est guidé par l'expertise du domaine. Toutefois, compte tenu de la généricité du modèle proposé, le choix du nombre, du type et de la nature des données externes reste à instancier lors de l'application du système sur un contexte et pour un phénomène particulier.

Ainsi, dans notre contexte, les *inputs* de ce module sont issus, principalement, de sources de connaissances complémentaires en l'occurrence :

- Des données (cartes d'abondance) issues de la phase de démixage spectral de l'IHS.
- Des connaissances complémentaires dérivées à partir de sources variées.

Regroupement des classes de matériaux

Dans la pratique, la manipulation de connaissance, composante par composante, n'est réaliste que si le nombre de variables reste peu élevé (4 à 5 variables maximum). Au-delà de ces chiffres, le processus d'interprétation devient long, fastidieux, voire impossible. À cet effet, il est judicieux de limiter le nombre des CA en regroupant les différents matériaux composant la scène analysée par catégorie ou par classe. L'expert fera le choix du nombre de classes, ainsi que, de leurs caractéristiques communes. Généralement, ce choix se fait en fonction du domaine applicatif et permettra de limiter le nombre de variables qui sera fournis en entrée du système d'interprétation.

Prenons le cas des cartes d'abondances générées par démixage spectral et qui représentent le type de matériau au sol. Selon l'avis de l'expert, ces cartes peuvent être regroupées en trois classes S_1, S_2, S_3, qui représentent le degré de la sensibilité du sol à être érodé et qui correspondent respectivement aux sols durs, sols friables (degré de vulnérabilité moyenne à l'érosion hydrique) et sols meuble (très vulnérable à l'érosion), avec

$$S_i = \sum_{k \in n} Ab_k. \qquad (4.24)$$

Où n est le nombre de matériaux appartenant à la classe S_i et Ab_k le taux d'abondance d'un matériau donné dans la classe S_i. Ce regroupement conduit donc à un nouvel ensemble de 3 classes, illustré par le tableau 4.1,

	S₁ : Sol dur	S₂ : Sol friable	S₃ : Sol meuble
Gypse		X	
Sable			X
Limon			X
Calcaire	X		
......			

Tableau 4.1 : Regroupement de matériaux par classe

4.5.2.2. Modélisation des connaissances de l'expert

Le deuxième aspect à considérer dans l'élaboration du système est la modélisation des connaissances de l'expert. Cette modélisation est réalisée en *off-line* et nécessite une intervention active de l'expert, de façon à intégrer ses connaissances dans toutes les étapes. L'implication de l'expert à ce niveau revient à déterminer une partition symbolique de l'espace de description, la plus cohérente possible avec la connaissance experte disponible, pour une caractérisation floue des classes de risque. La séparation en régions de l'ensemble des observations à utiliser pour l'apprentissage peut se réaliser selon un étiquetage des fonctions d'appartenance imposé par l'expert. Ce dernier pourra ensuite, construire la base de règles floues qui doit refléter ses connaissances de la manière la plus simple, tout en respectant les contraintes d'interprétabilité, pour préserver l'intégrité sémantique des règles et assurer un niveau d'inférence considérable.

Pour illustrer notre propos, nous présentons le partitionnement en sous ensembles flous, pour l'initialisation d'un système de gestion d'érodibilité hydrique. Ce système reçoit en entrée les variables pente et trois CA de classe de matériaux (sol dur, sol friable, sol meuble, comme nous l'avons présenté dans le tableau 4.1). En sortie, ce système génère une carte d'érodibilité qui définit le degré de susceptibilité du sol à être érodé, selon des classes prédéfinies. La variable pente est fuzzifiée par cinq FA comme l'illustre la figure 4.9, les trois CA sont fuzzifiées respectivement par trois FA comme l'illustre les figures 4.10 à 4.12 et enfin, la variable érodibilité est fuzzifiée par cinq FA comme l'illustre la figure 4.13.

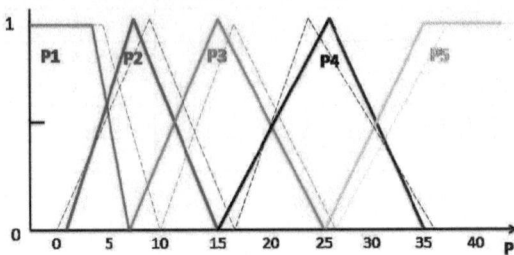

Figure 4.9 : Fuzzification de la variable d'entrée pente avant (trait continu) et après (trait discontinu) apprentissage

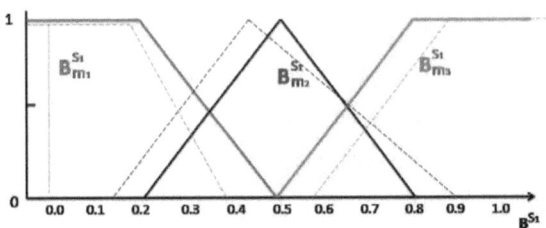

Figure 4.10 : Fuzzification de la variable d'entrée sol dur avant (trait continu) et après (trait discontinu) apprentissage

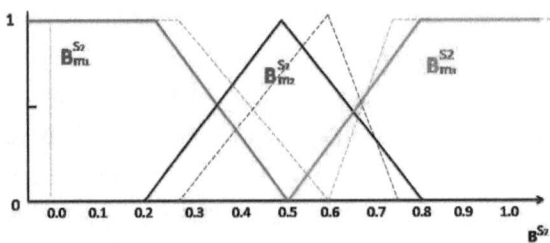

Figure 4.11 : Fuzzification de la variable d'entrée sol friable avant (trait continu) et après (trait discontinu) apprentissage

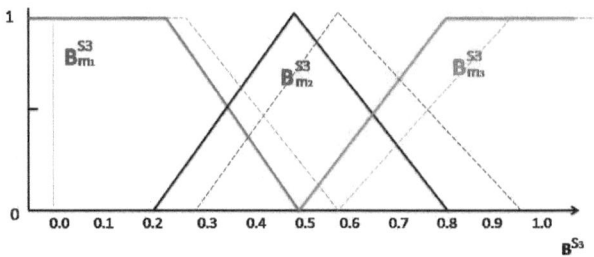

Figure 4.12 : Fuzzification de la variable d'entrée sol meuble avant (trait continu) et après (trait discontinu) apprentissage

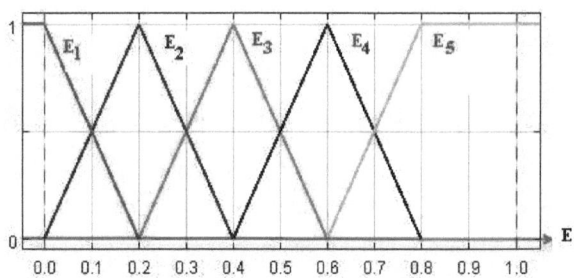

Figure 4.13 : Fuzzification de la variable de sortie érodibilité

Avec :

P : une connaissance numérique en entrée du système de la variable pente et P_1, P_2, P_3, P_4 et P_5 des sous-ensembles flous de P qui représentent respectivement des labels linguistique « faible », « moyenne», « abrupte », « très abrupte » et « extrême ».

S_1 : une connaissance numérique en entrée du système de la variable sol dur et $B_{m_1}^{S_1}$, $B_{m_2}^{S_1}$ et $B_{m_3}^{S_1}$ des sous-ensembles flous de S_1 qui représentent respectivement des labels linguistique « abondance faible », « abondance moyenne » et « abondance forte ».

S_2 : une connaissance numérique en entrée du système de la variable sol friable et $B_{m_1}^{S_2}$, $B_{m_2}^{S_2}$ et $B_{m_3}^{S_2}$ des sous-ensembles flous de S_2 respectivement des labels linguistique « abondance faible », « abondance moyenne » et « abondance forte ».

S_3 : une connaissance numérique en entrée du système de la variable sol meuble $B_{m_1}^{S_3}$, $B_{m_2}^{S_3}$ et $B_{m_3}^{S_3}$ des sous-ensembles flous de S_3 qui représentent respectivement des labels linguistique « abondance faible », « abondance moyenne » et « abondance forte ».

Soit E un ensemble flou des classes d'érodibilité en sortie du système et (E_m, m=1,...,5) des sous-ensembles flous de E qui représentent respectivement des labels linguistique « érodibilité faible », « érodibilité modérée », « érodibilité moyenne », « érodibilité forte » et « érodibilité extrême ».

A cette étape d'initialisation, tout comme à chaque étape de croissance du modèle, toutes les combinaisons possibles entre les FA de chaque entrée sont prise en compte pour générer la base de règle experte reliant les *inputs* aux *outputs*. Concrètement, les paramètres de chaque classe seront une combinaison des caractéristiques des observations imposées par l'expert. Ces règles sont exprimées sous une forme générique de règles de production floues du type :

$$\text{Si } [(S_1 \text{ est } \boldsymbol{B}_{m_1}^{S_1}) \text{ et } (S_2 \text{ est } \boldsymbol{B}_{m_2}^{S_2}) \text{ et } (S_3 \text{ est } \boldsymbol{B}_{m_3}^{S_3}) \text{ et } (P \text{ est } \boldsymbol{P_n})] \quad \text{Alors } E \text{ est } E_k$$

L'expert pourra faire appel à ses connaissances du domaine pour éliminer, a priori, certaines règles inadéquates ou irréalistes. A titre d'exemple, une règle avec un taux d'abondance forte pour tous les types de sol ($B_{m_3}^{S_1}$, $B_{m_3}^{S_2}$, $B_{m_3}^{S_3}$) serai irréaliste et en contradiction avec la contrainte de la somme unitaire des abondances (4.9). Nous présentons au dernier chapitre un cas pratique qui intègrera tous ces aspects pour une meilleure concrétisation.

4.5.3. Phase Analyse-Traitement-Décision

Apres avoir défini la structure du modèle, nous nous intéressons à identifier ses paramètres, entre autres les poids de connexion entre les neurones: c'est le processus d'apprentissage.

Ce processus trouve sa justification du fait que, l'expert ne peut pas transposer intégralement la totalité de ses expériences et de ses connaissances en un ensemble exhaustive de règles, couvrant toutes les situations, il est donc évident de doter notre modèle d'une autre source de connaissance acquise à partir des données expérimentales (figure1.1). L'extraction de telle connaissance implique un processus d'induction permettant de tirer une connaissance générale à partir de faits particuliers. Ainsi, l'induction de règles floues, consiste à produire des règles à partir d'un jeu d'exemples appelé base d'apprentissage.

A l'inverse des règles expertes, connues par leur caractère universel, fondées sur une expérience cumulée, valorisant le savoir faire de l'expert, les règles induites ne sont pas universelles, et leur caractère général dépend de la qualité du jeu d'apprentissage. Autrement dit, plus ce jeu est représentatif du système et de son comportement, plus les règles induites sont générales.

L'analyse des caractéristiques de chacune des deux sources de connaissance montre que leur coopération ne peut être que bénéfique pour la conception des systèmes. En d'autre terme, les systèmes contenant simplement des règles de l'expert sont généralement peu performants, dans le sens où, ils ne permettent pas de reproduire avec suffisamment de précision les phénomènes observés. Les données, quant à elles, bien qu'intrinsèquement limitées, sont susceptibles d'apporter la matière permettant de les compléter. Le niveau de complémentarité, entre l'expertise et les données, dépendra du caractère interprétable des règles induites.

De plus, il ne faut pas perdre de vue que les données à fusionner sont souvent hétérogènes, il est donc impossible de les combiner sous leur forme initiale. On est amené à rechercher un espace de représentation commun dans lequel les différentes informations pertinentes disponibles renseignent sur une même entité. La définition de l'architecture de ce modèle fera l'objet de la section suivante.

4.5.3.1. Construction du modèle neuro-flou

Face à la multitude d'architectures neuro-floues rencontrées dans la littérature (Cf. annexe B), la question de choix d'un modèle particulier s'avère primordiale compte tenu des spécificités d'application de chaque architecture.

Comme mentionné dans l'introduction, notre modèle est basé sur une reconnaissance floue des formes et doté d'une capacité d'apprentissage [Ben Rabah, et al. 09]. Ainsi, l'architecture du perceptron flou proposée est similaire à celle de perceptron multicouche usuel, sauf que les poids sont modelés par des ensembles flous. Les activations, les sorties, et les fonctions de propagation seront aussi modifiées. Cette architecture peut être vue comme un réseau de neurones, pour lequel chaque couche est un composant d'un système flou [Gouriveau et al. 07]. Il s'agit d'une variante du modèle FALCON [Lin et al. 97]. C'est un classifieur universel utilisé dans différentes applications de prédiction, qui s'est avéré plus performant que d'autres modèles pour des prédictions à moyen et long terme [Berenji 92]. Afin de décrire l'architecture et le fonctionnement du système proposé, nous considérons la figure 4.14 qui illustre la structure interne du perceptron flou proposé à L=(J+P) entrées, φ règles floues et ψ sorties, avec :

- S_i : la fraction d'abondance de l' $i^{ième}$ EM dans le pixel courant ;
- E_j : la valeur de la donnée thématique j pour le pixel courant ;
- p : le nombre d'EM présents sur la scène analysée ;
- φ : le nombre des règles ;
- ψ : le nombre de niveau de qualification (classe) d'érodibilité (fort, moyen, etc.) ;
- I_i^k : l'*input* du $i^{ième}$ neurone de la couche k,
- O_i^k: l'*output* du $i^{ième}$ neurone de la couche k ;
- D : le neurone de décision ;
- Ni : le $i^{ième}$ classe de risque ;
- X_s^L : le $s^{ième}$ vecteur de dimension L de l'ensemble des entrées.

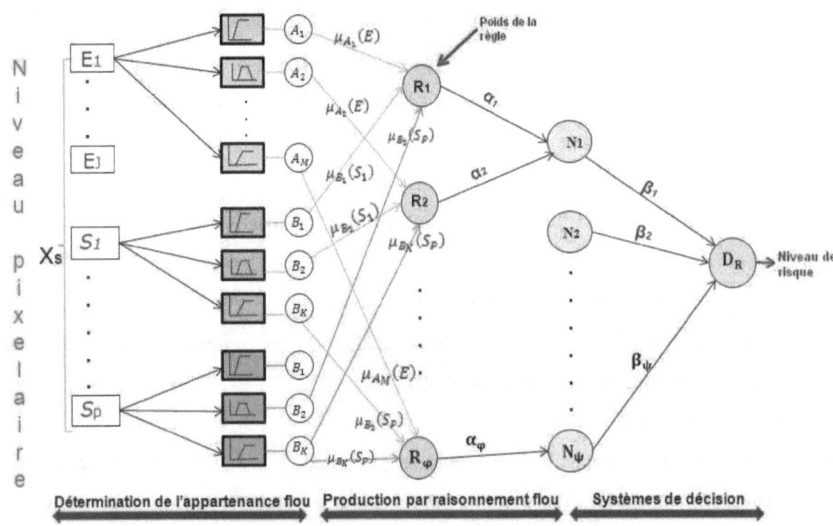

Figure 4.14 Architecture du perceptron flou proposée

Couche 1 : Entrée des données

Aucun calcul n'est fait dans cette couche. Elle n'est utilisée que pour présenter au réseau la forme d'entrée qui sera traitée par la prochaine couche. Chaque nœud dans cette couche correspond à une variable d'entrée.

Le nombre de neurones de cette couche est égal à p+j (p : nombre des EM, j : nombre des données externes). Le poids du lien de cette couche $w_i^{(1)}$ =1. Ainsi, l'*input* et l'*output* du iième neurone de cette couche sont respectivement :

$$I_i^1 = X_i \qquad (4.25)$$

$$O_i^1 = I_i^1 \qquad (4.26)$$

Couche 2 : Fuzzification (Génération des degrés d'appartenance)

Les entrées de cette couche sont les valeurs numériques des *inputs* du modèle (avant fuzzification). Les neurones de cette couche réalisent la première phase de l'inférence floue encore appelée « fuzzification ». Chaque nœud dans cette couche correspond à un terme linguistique (fort, moyen, etc.) de l'une des variables d'entrée. Le lien de la production représente la valeur d'appartenance à un ensemble flou. Un expert du domaine aura la tâche de décider du nombre initial et du type de FA des variables d'entrée.

Dans la littérature, trois types de FA (trapézoïdale, triangulaire et gaussienne) sont majoritairement utilisés pour la fuzzification. Nous optons pour les fonctions triangulaires, qui sont simples à implémenter et qui sont les plus performantes dans les cas de modélisation prédictive et décisionnelle [Zhao et al. 02]. Le schéma de cette fuzzification pour une FA triangulaire dans un univers du discours [a, b] peut être défini par :

$$\mu_y(X_i) = \begin{cases} \frac{x-x_1}{x_2-x_1} & \text{si } x_1 \leq x < x_2 \\ \frac{x_3-x}{x_3-x_2} & \text{si } x_2 \leq x < x_3 \\ 0 \text{ ailleurs} \end{cases} \qquad (4.27)$$

Où y désigne les sous-ensembles flous des variables d'entrée.

x_1, x_2 et x_3 désignent les paramètres de la FA triangulaire qui prennent leurs valeurs dans l'intervalle [a, b], comme il est indiqué par la figure 4.15. La sortie de cette règle représente le degré d'appartenance de chacune des entrées aux ensembles flous respectifs.

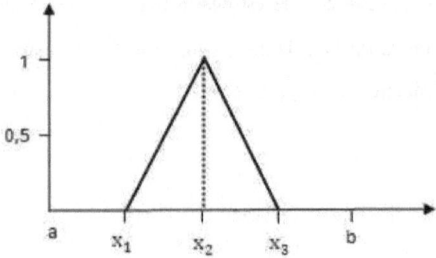

Figure 4.15 : Fonction d'appartenance triangulaire

$$I_{ij}^2 = X_i \tag{4.28}$$

$$O_{ij}^2 = \mu_y(I_{ij}^2) \tag{4.29}$$

Couche 3 : Prémisse des règles

La sortie d'un nœud de la couche précédente, représente aussi, la partie antérieure d'une règle. Un operateur T-norme est utilisé dans ce nœud, ce choix est motivé par l'ambition d'avoir l'information la plus certaine en utilisant un robuste opérateur d'intersection, très utilisé dans les concepts flous [Bloch 04]. La sortie d'un nœud de la couche prémisse des règles représente la « force du tir » de la règle floue notée α_k.

$$I_i^3 = \begin{cases} O_i^2 & \text{si } O_i^2 = \text{Min}\{O_{i1}^2, \dots, O_{is}^2\} \\ 0 & \text{else} \end{cases} \tag{4.30}$$

$$O_{ij}^3 = I_{ij}^3$$

$$\alpha_k = O_{ij}^3 \tag{4.31}$$

Où S est le nombre des antécédents de la règle.

Chaque nœud dans cette couche reçoit en entrée les nouveaux antécédents de la règle en cours, ces derniers seront combiner pour estimer le degré auquel ils appartiennent à la variable linguistique de sortie de la règle, ce degré est appelé degré de vérité de la règle k et est noté α_k. Le nombre de nœuds dans cette couche sera égal au nombre de règles floues.

Couche 4 : Conclusion des règles

73

La sortie d'un nœud de la couche précédente, représente le conséquent de la règle. Chaque nœud de la quatrième couche fait la combinaison de tous les conséquents des règles en utilisant, habituellement, un operateur T-conorme. Ce choix est justifié par la motivation de retenir la valeur maximale du niveau de certitude du risque, notée β_k.

$$I_i^4 = \begin{cases} O_i^3 & \text{si } O_i^3 = \text{Max}\{O_{i1}^3, ..., O_{is}^3\} \\ 0 & \text{sinon} \end{cases} \tag{4.32}$$

$$O_{ij}^4 = I_{ij}^4 \tag{4.33}$$
$$\beta_k = O_{ij}^4$$

Couche 5 : Prise de décision

L'objectif de cette étape est de produire une décision d'appartenance rigide, permettant d'affecter le pixel courant à l'une des classes de risque prédéfinies. Si cette décision est différente du résultat désiré, une étape de défuzzification est envisagée à ce niveau, nous permettra par la suite de mesurer le degré d'appartenance de la sortie au sous-ensemble flou (classe de risque) en sortie. Cette valeur est d'une grande utilité pour le processus de l'apprentissage du modèle. Elle servira à comparer quantitativement le couple de valeurs désirée et calculée.

A titre d'exemple, si la vérité terrain (sortie désirée) relative à un pixel donné correspond à un risque *faible* (implicitement parlant, la valeur d'appartenance au sous-ensemble flou « faible » est égale à 1) et si la décision du système n'est conforme à la celle désirée, un processus de défuzzification est déclenché pour calculer la valeur d'appartenance de la sortie au sous-ensemble *faible*. Soit 0.7 cette valeur (à titre d'exemple) alors, la différence entre ces deux valeurs (calculée et désirée), nous permettra de procéder à l'apprentissage du modèle par rétro-propagation de gradient afin de calibrer le modèle.

$$I_i^5 = \sum_i \omega_i^5 O_i^4 \tag{4.34}$$

$$O_i^5 = I_i^5 \tag{4.35}$$

74

Notons que le fonctionnement de l'ensemble de ces cinq couches peut être regroupé en 3 systèmes « détermination de l'appartenance floue » « production par raisonnement flou » et « systèmes de décision » (figure 4.13).

Améliorations potentielles du modèle neuro-flou

Même si l'architecture proposée donne, à priori, de bons résultats sur des problèmes de prédiction, nous nous intéressons ici à des méthodes permettant d'optimiser ces performances. L'inventaire réalisé sur les facteurs ayant une forte influence sur la précision et l'efficacité d'un réseau de neurone [Rui 95] peuvent être aussi, adaptés aisément aux réseaux neuro-flous.

– les expériences ont montré qu'il n'y a pas de structure idéale pour un RNF. Celle-ci est à traiter au cas par cas selon le problème [Rui 95]. Concernant le RNF, choisir une structure correspond à choisir le nombre de FA, leurs formes et le nombre de règles floues utilisées ;

– Les variables d'entrée ont une forte influence sur les performances d'un réseau. On peut voir dans [Gouriveau et al. 07] l'influence d'une sélection d'entrée sur les performances ;

– L'ensemble d'apprentissage est important afin que le réseau ait une bonne capacité de généralisation. Cependant, l'important n'est pas la taille de cet ensemble mais la pertinence des données qu'il contient ;

– Chaque règle se voit attribuer un poids caractérisant son influence par rapport aux autres règles. L'intégration de ce paramètre est très bénéfique dans notre application puisque nos règles codent plusieurs comportements du système ayant des priorités différentes. Ce paramètre permettra à notre système de favoriser la bonne décision dans des situations de cas similaires ;

– Différents paramètres de l'algorithme de rétropropagation du gradient ont une influence sur les performances du réseau. Dans [Freeman 87], l'auteur propose des algorithmes pour optimiser l'initialisation des poids d'apprentissage. La modification des pas d'apprentissage peut aussi être envisagée ;

A tous ces paramètres, on ajoute les problèmes liés à une stabilisation dans un minimum local qui sont susceptibles d'influer les performances d'un RNF. Pour les traiter, on intègre un terme d'inertie (momentum) qui permet de sortir des minimums locaux dans la mesure du possible et de poursuivre la descente de la fonction d'erreur.

4.5.3.2. Apprentissage du modèle

Il est maintenant compris le principe de calcul du modèle neuro-flou fondé sur l'architecture du perceptron flou. Il est donc nécessaire de traiter le cas de l'apprentissage du réseau. Il s'agit, dans notre cas, d'un apprentissage adaptatif, où, le rôle de l'expert consiste à alimenter la base des connaissances en amont et à valider la connaissance induite en aval. Il s'agit de calibrer le système à partir des exemples de cas déjà traités et structurés sous forme de base de données. Cette dernière est constituée de couples entrées/sortie (L, y) correspondant à des cas ayant déjà eu lieux. Cette base (aussi appelée base de connaissances) est divisée en deux parties. La première (échantillon d'apprentissage) est utilisée pour ajuster le modèle aux données, la seconde (échantillon de validation) est utilisée pour tester la précision du modèle, on peut alors mesurer l'erreur de prédiction et non d'une simple qualité d'ajustement. A partir de cette base de données, on construit une fonction (fonction de prédiction) dont le but est de construire une sortie y (sortie désirée) à partir de L=(J+P) entrées (figure 4.16). Le but d'un apprentissage est donc de généraliser à des entrées inconnues ce qu'on a appris grâce à la base d'apprentissage. Ainsi, l'apprentissage des systèmes neuro-flous consiste à déterminer ou à modifier les paramètres du système, afin d'adopter un comportement désiré. Le raffinement de ces paramètres peut être vu comme un problème d'optimisation des réseaux de neurone. Des corrections sont ensuite apportées aux différents paramètres du système (les poids, les seuils, les règles, les FA, etc.). Ce paragraphe a pour objet de détailler la méthode d'apprentissage utilisée.

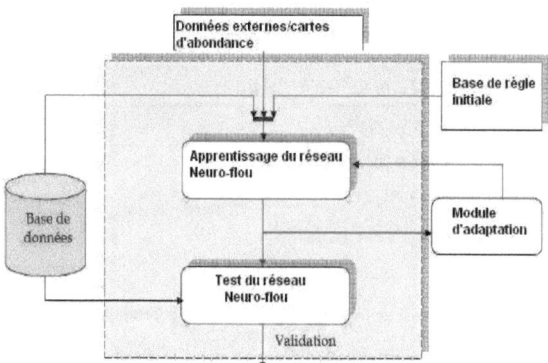

Figure 4.16 : Apprentissage du système proposé

4.5.3.2.1.   Apprentissage des fonctions d'appartenance

Plusieurs approches d'apprentissage des FA ont été proposées dans la littérature. Pour la plupart, les procédures d'apprentissage appliquées sont adaptatives et se basent sur les techniques d'optimisation telles que la descente du gradient ou les moindres carrés. L'algorithme de descente de gradient (rétropropagation du gradient), que nous avons adopté, offre une meilleure résolution au problème d'apprentissage de FA [Ishigami et al. 95]. Les descentes de gradient ont pour but de converger de manière itérative vers une configuration optimisée des poids synaptiques (les degrés d'appartenance dans le cas d'un modèle neuro-flou). Cet état peut être un minimum local de la fonction à optimiser et idéalement, un minimum global de cette fonction (dite fonction de coût).

Le processus consiste à calculer l'activation en avant des neurones des différentes couches, l'erreur est ensuite retro propagée dans le sens inverse de l'activation pour pouvoir calculer, pour chaque neurone, sa contribution. Une décision sera créée qui dépend de l'erreur de sortie pour chaque unité de règle. Chaque règle change ses FA par le changement de leurs supports.

Dans la littérature, les FA de type sigmoïdale, trapézoïdale ou triangulaire sont les plus populaires. Nous présentons à travers la figure 4.17 un exemple des deux derniers types, où μ une variable qui définit le taux d'appartenance.

$$\mu_{a,b,c}: R \to [0,1] \begin{cases} \dfrac{x-a}{b-a} & \text{si } x \in [a,b[\\ \dfrac{c-x}{c-a} & \text{si } x \in [b,c] \\ 0 & \text{si non} \end{cases}$$

$$\mu_{a,b,c,d}: R \to [0,1] \begin{cases} \dfrac{x-a}{b-a} & \text{si } x \in [a,b[\\ 1 & \text{si } x \in [b,c] \\ \dfrac{d-x}{d-c} & \text{si } x \in [b,c] \\ 0 & \text{si non} \end{cases}$$

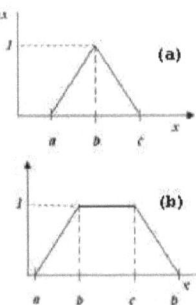

Figure 4.17 : Exemples de type de fonctions d'appartenance (a) triangulaire, (b) trapézoïdale

L'algorithme qui fait la mise à jour des FA dans les antécédents et les conséquences des règles utilise une simple heuristique. Le schéma général d'apprentissage du modèle neuro-flou proposé vise à minimiser la fonction d'erreur (équation 4.36) en utilisant un ensemble d'apprentissage. Dans ce qui suit, nous présentons les équations de l'algorithme de rétropropagation dans le cas du réseau à 5 couches adopté : soit

$$J_t = 1/2E_t \tag{4.36}$$

Avec

$E_t = \frac{1}{2}(y_t - O_t^5)^2$ erreur quadratique instantanée

$- y_t$: sortie désirée du le tième échantillon d'apprentissage

$- O_t^5$: sortie calculée du modèle neuro-flou du tième échantillon d'apprentissage

– Couche 5 :

$$\delta_t^5 = -\frac{\delta J_t}{\delta I_t^5} = -\frac{\delta J_t}{\delta O_t^5}\frac{\delta O_t^5}{\delta I_t^5} \tag{4.37}$$

$$\delta I_t^5 = E_t(y_t - O_t^5)$$

– Couche 4 :

$$\delta_{i,t}^4 = -\frac{\delta J_t}{\delta I_{ij,t}^4} = -\frac{\delta J_t}{\delta I_{i,t}^5}\frac{\delta I_{i,t}^5}{\delta O_{i,t}^4}\frac{\delta O_{i,t}^4}{\delta I_{i,t}^4} \tag{4.38}$$

$$\delta I_{i,t}^4 = \delta I_{i,t}^4 * \omega_{ij}^5$$

– Couche 3 :

$$\delta_{i,t}^3 = -\frac{\delta J_t}{\delta I_{ij,t}^3} = -\frac{\delta J_t}{\delta I_{i,t}^4}\frac{\delta I_{i,t}^4}{\delta O_{i,t}^3}\frac{\delta O_{i,t}^3}{\delta I_{i,t}^3} \tag{4.39}$$

$$\delta I_{i,t}^3 = \delta I_{i,t}^3 * \omega_{ij}^4$$

– Couche 2 :

$$\delta_{i,t}^2 = -\frac{\delta J_t}{\delta I_{ij,t}^2} = -\frac{\delta J_t}{\delta I_{i,t}^3} \frac{\delta I_{i,t}^3}{\delta O_{i,t}^2} \frac{\delta O_{i,t}^2}{\delta I_{i,t}^2} \tag{4.40}$$

$$\delta I_{i,t}^2 = \delta I_{ij,t}^3 * e^{I_{ij,t}^2}$$

– Couche 1 :

$$\delta_{i,t}^1 = -\frac{\delta J_t}{\delta I_{ij,t}^1} = -\frac{\delta J_t}{\delta I_{i,t}^2} \frac{\delta I_{i,t}^2}{\delta O_{i,t}^1} \frac{\delta O_{i,t}^1}{\delta I_{i,t}^1} \tag{4.41}$$

$$\delta I_{i,t}^1 = \delta I_{i,t}^2 * \left(-\frac{(O_{ij,t}^2 - \mu_{ij})}{\sigma_{ij}^2} \right)$$

La correction des poids est effectuée selon les équations suivantes :

-   pour μ_{ij} :

$$\frac{\delta J_t}{\delta \mu_{ij}} = -\frac{\delta J_t}{\delta I_{ij,t}^2} \frac{\delta I_{ij,t}^2}{\delta \mu_{ij}} = \delta I_{ij,t}^2 * \frac{(O_{ij,t}^1 - \mu_{ij})}{\sigma_{ij}^2} \tag{4.42}$$

$$\mu_{ij,t+1} = \mu_{ij,t} + \eta_{\mu_{ij}} * \left(1 - mc_{\mu_{ij}}\right) * \left(-\frac{\delta J_t}{\delta \mu_{ij}}\right) + mc_{\mu_{ij}} * \Delta\mu_{ij,t-1}$$

Avec :

$mc_{\mu_{ij}}$: Momentum pour μ_{ij}

$\eta_{\mu_{ij}}$: Pas d'apprentissage pour μ_{ij}

- pour σ_{ij} :

$$\frac{\delta J_t}{\delta \sigma_{ij}} = -\frac{\delta J_t}{\delta I^2_{ij,t}}\frac{\delta I^2_{ij,t}}{\delta \sigma_{ij}} = \delta I^2_{ij,t} * \frac{(O^1_{ij,t} - \mu_{ij})^2}{\sigma^3_{ij}} \tag{4.43}$$

$$\mu_{ij,t+1} = \mu_{ij,t} + \eta_{\sigma_{ij}} * \left(1 - mc_{\mu_{ij}}\right) * \left(-\frac{\delta J_t}{\delta \sigma_{ij}}\right) + mc_{\sigma_{ij}} * \Delta\sigma_{ij,t-1}$$

Avec :

$mc_{\sigma_{ij}}$: Momentum pour σ_{ij}

$\eta_{\sigma_{ij}}$: Pas d'apprentissage pour σ_{ij}

- Pour ω^5_{ij}

$$\frac{\delta J_t}{\delta \omega^5_i} = -\frac{\delta J_t}{\delta I^5_{i,t}}\frac{\delta I^5_{i,t}}{\delta \omega^5_i} = \delta^5_{i,t} * O^5_{i,t} \tag{4.44}$$

$$\omega^5_{i,t+1} = \omega^5_{i,t} + \eta_{\omega^5_i} * \left(1 - mc_{\omega^5_i}\right) * \left(-\frac{\delta J_t}{\delta \omega^5_i}\right) + mc_{\omega^5_i} * \Delta\omega^5_{i,t-1}$$

Avec :

$mc_{\omega^5_i}$: Momentum pour ω^5_{ij}

$\eta_{\omega^5_i}$: Pas d'apprentissage pour ω^5_{ij}

La figure 4.18 illustre la modification des paramètres des FA, (a) après la création de règles, (b) après la compatibilité des ensembles flous et (c) après changement de paramètres des FA tel que le degré d'appartenance pour la valeur de la variable courant qui peut soit augmenter ou diminuer.

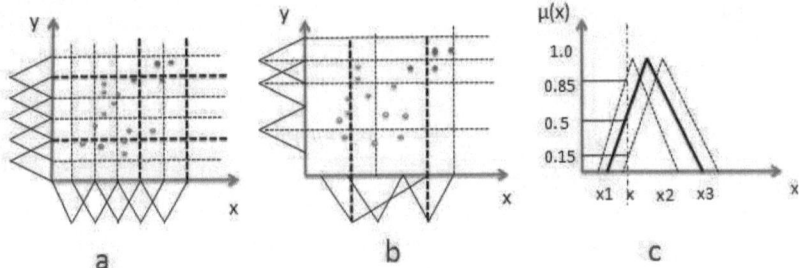

Figure. 4.18 : Modification des paramètres des FA

4.5.3.2.2.   Apprentissage des règles

Pour l'apprentissage des règles, le système peut démarrer avec une base de connaissance initiale des formes définie par l'expert comme une connaissance à priori, et raffiner durant cette phase. Une règle sera créée par la recherche pour une forme donnée f, la combinaison des FA telle que chaque entrée produit le plus grand degré d'appartenance. Si cette combinaison n'est pas identique pour les règles existantes dans la base des règles et le nombre de règles n'est pas maximum, alors une règle sera créée et ajoutée à la base des règles. Pour bien mener l'apprentissage des règles, l'algorithme proposé utilise une méthode qui considère des fonctions de pondération afin de relativiser l'importance d'une règle par rapport à une autre. Évidemment, l'attribution d'un poids aux différentes règles qui entrent en jeux permet non seulement de hiérarchiser l'importance des règles, mais aussi de faire une réduction de la taille de la base de règles, par la sélection des règles en utilisant leurs performances en classification. Dans cette étude, la détermination du poids accordé à chacune des règles est basée sur le calcul de leurs facteurs de confiance.

4.5.3.2.3.   Facteur de confiance

Dans le contexte de la présente étude, les connaissances sont rarement certaines et présentent plutôt un facteur de certitude qui tend à estimer leur vraisemblance. Dans les systèmes où les connaissances sont représentées par des règles de production, on peut construire un formalisme qui va prendre en compte la certitude (ou l'incertitude) que l'on attache aux connaissances (faits et règles). Ce formalisme s'appuie sur des facteurs de confiances (FC) qui estiment la certitude; par exemple : le fait f1 est certain à 90% (FC = 0.9). Les facteurs de confiance varient de –1 à 1; -1 signifie que le fait est faux à 100%, +1 que le fait est vrai à 100%, 0 signifie que l'on ne sait pas; de même pour les règles, le facteur

81

de confiance indique la confiance que l'on a dans la règle. En d'autres termes, c'est le niveau d'appariement entre une observation donnée et la prémisse (hypothèse) de la règle.

- Calculs avec les facteurs de confiance

Si le fait *f1* a un facteur de confiance FC(hypothèse) et si la règle a un facteur de confiance FC(règle) la conclusion *c aura* un facteur de confiance :

$$FC(conclusion) = FC(hypothèse) * FC(règle) \tag{4.45}$$

- Règle avec conjonction de plusieurs hypothèses

Si la règle suivante a un facteur de confiance FC (règle)

SI *hyp1 et hyp2 et hyp3*

Alors *conclusion*

Le facteur de confiance est:

$$FC(conclusion) = \min(hyp1, hyp2, hyp3) * FC(règle) \tag{4.46}$$

- Règle avec disjonction de plusieurs hypothèses

Si la règle suivante a un facteur de confiance FC(règle)

SI *hyp1 ou hyp2 ou hyp3*

Alors *conclusion*

Le facteur de confiance est:

$$FC(conclusion) = \max(hyp1, hyp2, hyp3) * FC(règle) \tag{4.47}$$

Lorsque les chaînes de raisonnement sont longues, les facteurs de confiance ont tendance à diminuer en raison des multiplications successives de nombres inférieurs à un. Inversement, si des règles similaires sont présentes pour prouver la même conclusion, le facteur de confiance de cette conclusion peut être artificiellement élevé; il faut donc éviter les règles qui se dédoublent ainsi que les règles aberrantes.

4.5.4. Phase de validation du modèle

L'objectif de cette phase est de vérifier l'adéquation entre le comportement prédit par le modèle et la réalité du système modélisé. Ceci consiste à valider la généralisation du modèle par rapport à l'ensemble d'apprentissage, en utilisant de nouvelles données de test.

Cette validation est réalisée par la production de deux cartes : une carte thématique (carte résultante des données de test, en l'occurrence la carte de risque) et une carte de confiance où chaque pixel représente le degré de certitude de son homologue dans la carte thématique, reflétant la confiance accordée à son appartenance à la catégorie sous laquelle il a été reconnu. Ainsi, un coefficient de certitude (CC) compris entre 0 et 1 est attribué à chaque pixel de la carte thématique. La valeur 1 indique une certitude totale de son appartenance et la valeur 0 indique une incertitude totale. Plusieurs approches peuvent être utilisées pour le calcul d'un tel CC. Dans notre étude, nous proposons d'associer l'estimation de ce coefficient au degré de complexité rencontré lors de la labellisation de chaque pixel. La méthode utilisée pour le calcul du degré de complexité est directement liée au nombre d'itération k, nécessaire pour labelliser le pixel. Ainsi, ce nombre prendra initialement une valeur max (CC=1) et décroit suivant une fonction linéaire (figure 4.19) jusqu'à atteindre une valeur nulle (CC=0) pour un nombre d'itération maximum K, définit par l'expert.

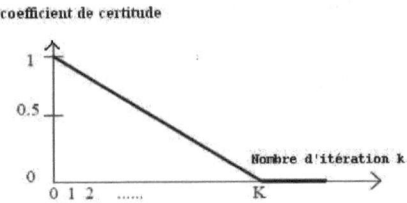

Figure 4.19 : Coefficient de certitude de décision en fonction du nombre d'itération de labellisation

Nous soulignons enfin, qu'une bonne exploitation du système dépend de la pertinence de l'espace de représentation, ainsi que, des performances des règles de décision Cette constatation trouve sa justification dans le dernier chapitre qui propose une application thématique concrète.

4.6. Extraction des connaissances

L'*output* du ce module est une carte prévisionnelle des risques potentiels. Cette dernière peut être considérée comme un modèle décisionnel d'alerte. On entend par la notion d'alerte, la capacité à devancer l'évolution d'un événement dans le temps et dans l'espace. Ainsi, la carte produite prévoit l'évolution d'un phénomène à moyen et à long terme et ses conséquences pour un domaine donné permettant la définition de stratégies et politiques préventives. Il ne faut pas perdre de vue que dans le domaine des risques naturels, les conséquences de la prévention sont incomparablement moins néfastes que les conséquences des accidents ou des catastrophes. La prévention comprend toutes les mesures établies avec anticipation afin de pallier, de diminuer ou d'éviter les dégâts produits comme conséquence du déclenchement du risque en question. La prévention se rapporte à une planification pour un futur non nécessairement immédiat dans les limites de la durabilité. Elle nécessite des mesures qui doivent avoir une durée suffisamment prolongée en nombre d'années, c'est à dire qui a un certain caractère statique par opposition au concept de prévision, plus dynamique et qui produit de l'information et des résultats constamment actualisés. Pour l'évaluation des résultats obtenus, nous exploitons la disponibilité des connaissances de l'expert et essentiellement les données sur la réalité terrain. A cet effet, nous proposons d'utiliser des méthodes d'évaluation qualitatives et quantitatives que nous décrivons dans le chapitre suivant.

4.7. Conclusion

Au cours de ce chapitre, nous avons abordé les différentes étapes nécessaires pour l'élaboration d'un modèle d'aide à la décision capable d'accomplir une analyse et une interprétation complète d'une image hyperspectrale à partir de méthodes de classification et reconnaissance de formes spectrales et floues. Nous avons exposé une nouvelle méthode de démixage spectral basée sur la séparation aveugle des sources et les mesures d'angle spectral. L'application de cette méthode nous a permis de générer, en premier lieu, les CI, une pour chaque bande spectrale. Ces CI seront utilisées dans une étape postérieure pour la réduction de la dimensionnalité, l'extraction et de quantification des EM. La méthode de quantification proposée tire son efficacité des spécificités avantageuses des mesures d'angles spectraux, en l'occurrence la propriété d'invariance à la magnitude du signal. L'intérêt de cette méthode pour le démixage spectral a été démontré. Durant la seconde phase, nous avons présenté une approche novatrice de gestion du risque naturel. Cette approche est basée sur un modèle neuro-flou pour la fusion possibiliste des résultats post-démixage spectral (cartes d'abondance) avec d'autres connaissances externes. Ainsi, le système proposé pour l'interprétation des images hyperspectrales au niveau sub-pixelaire, permettra de produire des résultats plus précis que les systèmes usuels basés sur le pixel. Pour le calibrage du modèle NF proposé, nous avons procédé par un apprentissage adaptatif des paramètres du modèle pour garantir une fiabilité optimale du modèle. Le chapitre suivant propose une application de l'approche proposée pour la gestion de risque d'érosion hydrique dans les zones arides du sud Tunisien.

Application thématique : évaluation et prédiction de l'érodibilité du sol dans un bassin versant en zone aride du sud Tunisien

Dans l'ambition de mettre en évidence la validité de l'approche proposée et d'atteindre les objectifs fixés, nous proposons une application opérationnelle de cartographie prédictive d'érodibilité hydrique du bassin versant (BV) de Oued el Fard, en zone aride du sud tunisien. La mise en œuvre de l'approche proposée permettra d'illustrer son originalité et son apport en termes de précision et de réduction de coûts. Nous démontrons, ainsi, l'intérêt d'utiliser l'imagerie hyperspectrale pour une cartographie de précision.

Dans ce chapitre, nous commençons par exposer le contexte thématique du problème, le choix de la zone d'étude, ainsi que la préparation des données expérimentales. Ensuite, nous mettons en œuvre l'approche proposée. La dernière partie sera consacrée à l'évaluation des résultats obtenus en se basant sur une analyse qualitative et quantitative.

5.1. Contexte thématique

5.1.1. Définition et caractéristique générale de l'érosion hydrique

L'érosion hydrique est définie comme étant «l'ensemble des processus par lesquels la pluie et le ruissellement détachent, transportent et déposent les particules de sol» [Auzet A.V.et al. 90]. Cette thématique s'impose de jour en jour au niveau des politiques environnementales. Le phénomène par son ampleur est aujourd'hui appréhendé en termes de risque naturel. C'est un phénomène fortement spatialisé car sa prévisibilité temporelle demeure un exercice difficile et surtout hasardeux dans l'état actuel des connaissances. En revanche la prévisibilité spatiale, objet de cette étude, peut être établie avec beaucoup de précision. A cet effet, la communauté scientifique s'est principalement intéressée, depuis le début des années quatre-vingt-dix, au développement de modèles qui permettent de mieux comprendre le phénomène à différentes échelles. Cependant, les décideurs politiques ont besoin d'outils pour estimer l'érosion des sols à l'échelle régionale afin de mettre en place une stratégie de conservation des sols adaptée, de plus l'érosion a des répercussions sur plusieurs ressources naturelles, notamment celles de la qualité des eaux, et la capacité de stockage d'eau des barrages, à cause de leur envasement par de grandes quantités de sédiments. Ainsi, la prédiction de ces répercussions exige une modélisation adaptée du phénomène.

5.1.2. Manifestations du phénomène en Tunisie et objectifs de l'étude

En Tunisie méridionale, la région de Matmata est l'une des régions les plus touchées par le phénomène d'érosion hydrique. Ce phénomène est accentué par la conjugaison de plusieurs facteurs, principalement, les fortes pentes, le climat aride suivi par des pluies torrentielles et la sensibilité des matériaux au sol à l'érosion hydrique (sols peu évolués). En Tunisie, 5 million d'hectares de terre sont exposés au risque d'érosion dont 15000 se perdent en mer chaque année pour une profondeur moyenne des sols de 50 cm [FAO 83]. Depuis 1990, des stratégies sont mises en œuvre par l'état pour la conservation des eaux et du sol en Tunisie présaharienne. Parmi les techniques d'aménagement antiérosif, on rencontre les banquettes qui sont utilisées généralement au niveau des terres agricoles (productives). Leur rôle est de réduire la vitesse des eaux de ruissellement le long d'une forte pente et de retenir l'excès d'eau pour des usages ultérieurs figure. 5.1.

Figure. 5.1. Tabias installées dans une parcelle d'oliviers dans la région d'étude

86

Ainsi, cette étude s'insère dans le cadre des travaux d'aménagement antiérosif et de protection des ressources naturelles. Son objectif principal est de localiser précisément les secteurs les plus menacées, notamment les zones ravinées dans le BV de la zone d'étude, en vue d'une mise en œuvre de moyens de protection efficaces (des opérations d'aménagement ou de conseil).

5.1.3. Adaptation de l'approche proposée au cas de l'érosion hydrique

La démarche méthodologique proposée au chapitre 4 traite le problème de gestion de risque selon un modèle générique, capable de s'adapter à plusieurs environnements et diverses thématiques. L'application de cette approche au cas particulier de l'érosion hydrique nécessite la spécification des *inputs* du modèle. Pour ce faire, nous proposons un modèle [Ben Rabah, 10] inspiré du modèle standard PAP/CAR (Programme d'Actions Prioritaires – Centre d'Activités Régionales) en coopération avec la FAO [PAP/CAR 98].

Concrètement, il s'agit d'intégrer les cartes des pentes en spécifiant les données thématiques dans le modèle générique proposé. Le modèle développé est présenté par la figure 5.2.

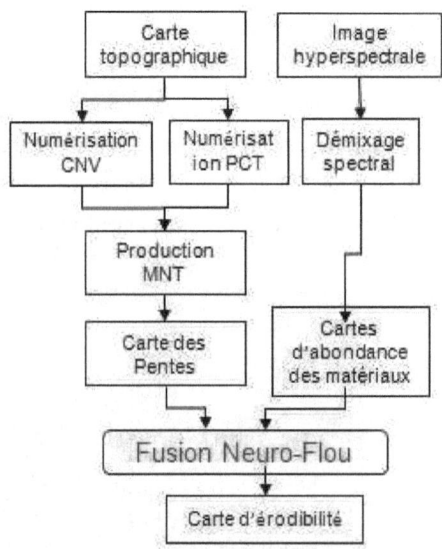

Figure.5.2. Modèle prédictif proposé pour la production de la carte d'érodibilité

5.2. Description de la zone d'étude

5.2.1. Situation géographique

Le BV de Oued El Fard a été retenu comme site d'étude privilégié car il explique à lui seul plus de 60% du phénomène surveillé [M'Timet 99]. Située au sud de la ville de Matmata (figure. 5.3), dans la vallée de la région de « Beni Zeltan », Le BV de « Oued el Fard » s'étend sur une superficie de 551 km2. Il est inscrit entre les latitudes 33"49' et 33"25' et les longitudes 9"56' et 10"17'.

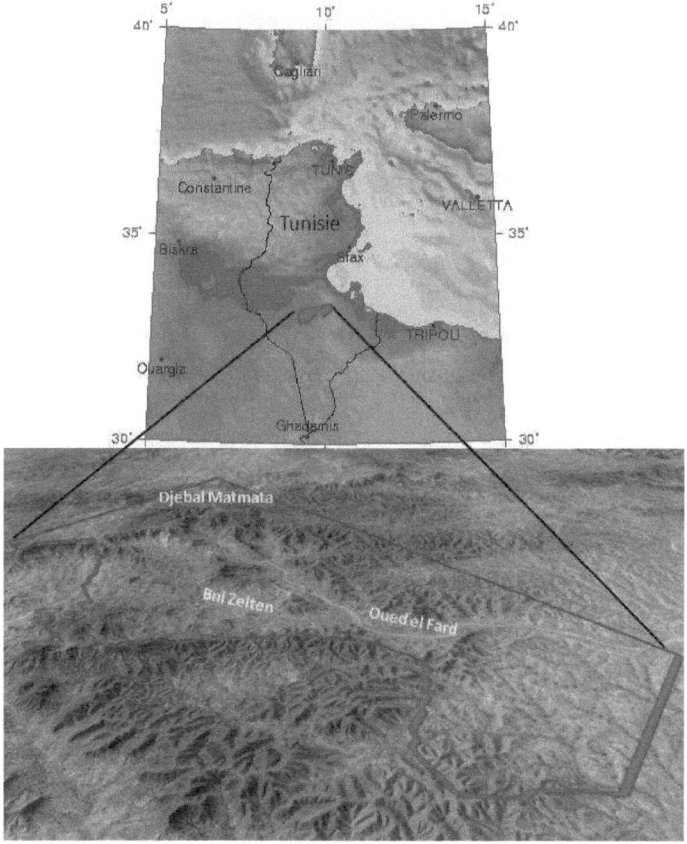

Figure. 5.3. Localisation géographique de la zone d'étude

Il s'agit d'une zone montagneuse, de terrain accidenté, caractérisée par un climat aride, de longues périodes de sècheresse suivi par des précipitations violentes en hiver. De part ses dimensions, ses composantes physiques et l'importance des enjeux socio-économiques qui s'y localisent, ce BV est soumis à une dynamique érosive, particulièrement animée qui à terme peut basculer dans une situation irréversible de désertification.

5.2.2. Facteurs d'influence

5.2.2.1. Facteurs liés aux matériaux

Le BV de « Oued El Fard » a attiré l'attention des géologues depuis le début du 20ième siècle. Les recherches géologiques sur la région se sont multipliées depuis les années quatre-vingt. L'abondance des études géologiques et hydrogéologiques a permis une bonne connaissance des caractéristiques lithologiques et spectrales de la région étudiée. L'étude de la réflectance du sol a permis d'établir des relations entre la mesure de réflectance et les matériaux. Ces travaux ont nécessité la disponibilité de disposer d'une couverture intégrale de cartes géologiques de référence à l'échelle du 1/50000, ainsi que, des bases de données spectrales, très utiles pour l'examen de l'approche proposée.

Les principaux matériaux rencontrées sont essentiellement le **calcaire** et dans la phase actuelle ne sont couvertes que de minces épaisseurs de sol [M'Timet 86]. Les sols lœssiques (sols sur **limons**) ainsi que les sols **gypseux** évoluent actuellement sous une aridité aiguë où le déficit hydrique est intense. Leur abondance constitue un facteur d'instabilité de la structure. Seulement au niveau des sols d'apport (de jessours et de plaines) où les limons sont recouverts par des apports **sableux** meubles permettant une bonne infiltration de la pluie [M'Timet 99].

5.2.2.2. Facteurs liés au climat

Le climat de la zone d'étude est de type méditerranéen, étage aride avec sous étage aride supérieur pour la région de Matmata et aride inférieur pour la plaine de la Djeffara. Les hivers sont doux et humides et les étés chauds et secs. En fait, cette région de la Tunisie pré-saharienne est en général très peu arrosée et les précipitations moyennes annuelles ne dépassent pas 250 mm [Floret et Pontanier 82]. Mais ce qui caractérise le climat est sa grande irrégularité, de très fortes pluies peuvent succéder dans le temps à de très longues périodes de sécheresse.

5.2.2.3. Facteurs liés à la topographie

La pente joue un rôle déterminent dans la stabilité des sols, en agissant, directement sur le ruissellement et la concentration des eaux. Notre zone d'étude est fortement incisée par les oueds et les ravins. Ces oueds ont des bassins versants qui prennent naissance dans les djebels de Matmata et ils ont pour exutoire la Méditerranée aux environs de Gabès.

5.2.2.4. Facteurs liés au couvert végétal

L'érosion des sols est fortement liée à la couverture végétale, puisqu'elle contribue à la protection du sol contre l'effet des gouttes de pluies. Les piémonts des montagnes de Matmata présentent le domaine des steppes. On rencontre aussi, selon les endroits, l'Artemisia campestris (figure 5.4) dans les zones favorables telles que les dépressions et le labour (espèce post-culturale indiquant que l'état précédant était parcours).

Figure 5.4. Artemisia campestris

5.3. Données mobilisées

5.3.1. Base de données radiométrique

Les données de référence ont été collectées, au cours d'une compagne de mesures spectroscopiques, sur des zones de référence en utilisant un spectroradiomètre ASD 350 « Analytical Spectral Devices » [ASD Inc. 99] disponible au CNCT. La prise de ces mesures a été effectuée sur différents échantillons de sols (dérivés des roches mères présentes dans notre zone d'étude : calcaire, limon, gypse et sable) considérés, dont nous disposons de connaissance a priori des différents niveaux de dégradation. Ces mesures ont été choisies à des moments préalablement et simultanément à la prise de vue de l'image hyperspectrale. Les sites d'échantillonnage ont été, manuellement, choisis par un expert à partir de l'image, et ensuite localisées sur terrain. La base de données spectrale ainsi, construite rassemble les spectres de réflectance de ces échantillons. Ces spectres serviront à déterminer, pour chaque nature du sol sa propriété spectrale et essayer par conséquent d'en trouver des relations entre un type de matériau composant le sol et sa signature spectrale et, plus loin, d'évaluer de manière plus fine la technique de démixage spectrale en produisant des cartes d'abondance dite de référence, d'où l'intérêt des mesures terrains.

Les signatures spectrales des sols ont été, ensuite, ré-échantillonnées et soumises à une convolution spectrale en fonction de réponses des filtres caractérisant les bandes spectrales du capteur hyperspectral HYPERION. Nous présentons à travers la figure 5.6 la localisation géographique de l'ensemble des 51 relevés spectroradiométriques, servis aussi comme une base de connaissances.

5.3.2.   Base de données thématique

Les paramètres introduits dans cette base de données sont regroupés en deux ensembles de données selon leurs intérêts dans le modèle :

- Ensemble hypsométrique regroupant le MNT, les courbes de niveaux et les points cotés de la région, numérisés au CNCT à partir de la carte topographique au 1/50000 (feuilles de Gabès, mareth, medenine et la nouvelle matmata).
- Construction d'une base de connaissance.

Elaboration de la carte des pentes

La production de la carte des pentes (figure 5.5) a été réalisée au sein du CNCT, tout en intégrant l'outil S.I.G. (Système d'Information Géographique) pour plus de convivialité. Les seuils des classes ont été définis par un expert selon le tableau 5.1.

Classe	Taux de la pente
Nulle à faible	(0 - 3%)
Moyenne	(3 - 12%)
Abrupte	(12 - 20%)
Très abrupte	(20 - 35%)
Extrême	>35%

Tableau 5.1 : Classes des pentes

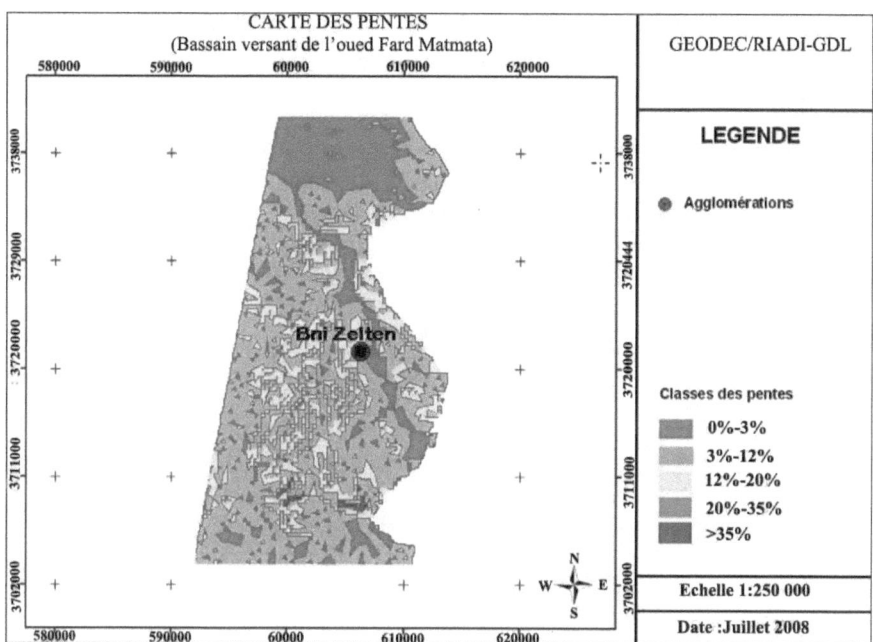

Figure 5.5 : Carte des pentes de la zone d'étude

Construction de la base de connaissance

Cette prise de contact avec le terrain a permis aussi, d'établir une première base de connaissances sur les états de surface (érodibilité du sol) et les modes d'occupation du sol (MOS). Nous avons pris l'initiative d'intégrer les MOS dans notre base de connaissances pour une éventuelle utilisation future, notamment dans un cadre d'étude plus élargi que le notre, traitant de la gestion des risques potentiels.

Au cours de cette étude, 5 classes d'érodibilité ont été identifiées par l'expert. L'ensemble de ces classes a été définies comme des sous ensembles flous (N_m, m=1,...,5) au chapitre précédent (cf. paragraphe 4.5.2.2). Chacun de ces sous ensembles est spécifié par un symbole (extrême « carreau », forte « cercle », moyenne « triangle », modérée « étoile », faible « croix » comme l'illustre la figure 5.6. Nous choisissons de caractériser l'ensemble de ces classes par 59 échantillons pour une population de 944 pixels, répartie en une fraction d'apprentissage (31 échantillons représentés par une couleur noire) et une autre de test et validation (28 échantillons représentés par une couleur blanche), qui lui est indépendant. La localisation géographique des zones d'apprentissage et de test (figure 5.6) a été effectuée manuellement par un expert géologue du CNCT qui connait la zone d'étude. Nous présentons, à travers le tableau 5.2, un extrait de cette base de connaissance, incluant 17 échantillons validé sur terrain par un expert.

X	Y	Pente	Erodibilité
601473	3719290	2,6	faible
599739	3718683	1,4	faible
601374	3717531	7,2	modéré
602072	3717856	8,1	modéré
601793	3718034	4,3	faible
600026	3717755	6,5	modéré
601188	3718313	7,3	modéré
600863	3718 173	3,4	faible
598909	3717731	6,9	moyenne
598630	3717708	7	moyenne
599839	3715941	13,2	Forte
598025	3714266	5,7	modéré
599979	3713476	10,2	moyenne
602351	3712452	6,1	modéré
599867	3707683	43	Extrême
603421	3708917	16,3	forte
599034	3707591	39	Extrême

Tableau5.2 : Extrait de la base de connaissance incluant une population de 17 échantillons

5.3.3. Données hyperspectrales

Dans notre étude, l'image a été acquise sur le BV de Oued el Fard le 30/09/2009 à partir du capteur HYPERION (figure 5.6). Cette date correspond à la période sèche où la végétation vivante herbacée ne s'est pas encore développée. La résolution spatiale de l'image est de 30 mètres tandis que sa résolution spectrale est de 242 bandes espacées d'une valeur variable proche de 10 nanomètres sur une gamme comprise entre 400 et 2500 nm. L'image ainsi produite représente une taille d'environ 330 x 514 pixels codés sur 16 bits.

Notre choix sur ce type de données a été motivé par leurs caractéristiques avantageuses en termes de résolution spectrale (cf. paragraphe 2.3) et bien adaptées au contexte de notre étude, ce qui constitue un allié fructueux pour mieux étudier les risques naturels. Nous citons à titre de rappel, sa capacité d'identification de matériaux grâce à sa richesse en information spectrale, ce qui lui permet de remplacer d'autres types de données plus coûteuses voir difficilement accessibles avec les moyens de bord actuels. Les protocoles utilisés pour le prétraitement de cette image, incluant la correction géométrique, l'élimination des bandes inutiles, l'élimination des colonnes noires et la correction atmosphérique ont été détaillés au deuxième chapitre (cf. paragraphe 2.9).

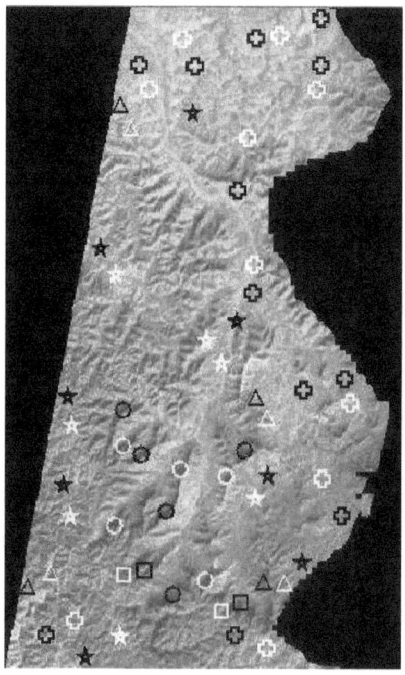

Figure 5.6: Composition fausse couleur de l'image HYPERION du BV de Oued el Fard annoté avec les positions, en terme d'érodibilité, des zones d'apprentissage (symbole blanc) et de test (symbole noir) : extrême « carreau », forte « cercle », moyenne « triangle », modérée « étoile », faible « croix »

5.4. Mise en œuvre de l'approche d'interprétation des IHS

5.4.1. Phase d'analyse des données hyperspectrales

Cette phase consiste à appliquer la méthode de démixage spectrale, présentée au chapitre 4 (cf. paragraphe 4.4), à l'image hyperspectrale. Son objectif final est de générer des cartes d'abondances étiquetées, une pour chaque type de matériau composant notre zone d'étude.

La première étape du processus de démixage spectral commence par une estimation du nombre p des EM (par analogie thématique ce sont les classes de matériaux au sol). L'application successive de chacun des deux algorithmes du concept VD, avec différente valeurs du paramètre de probabilité de fausse alarme 'P_fa "a permis de produire le tableau 5.3.

P_fa	0.1	0.01	0.001	0.0001	0.00001
HFC	24	4	4	4	5
NWHFC	11	9	4	4	16

Tableau 5.3 : Résultats de l'algorithme VD avec différentes valeurs du paramètre P_fa

En se basant sur les résultats fournis par le tableau 5.3 en termes de probabilité d'apparition d'une valeur donnée, nous pouvons déduire que le nombre des EM composant la scène est estimé à p=4. Cette valeur a été ensuite validée par les connaissances de l'expert sur la zone d'étude. L'étape qui suit consiste à utiliser la technique Fast-ICA pour générer l'ensemble des composantes indépendantes (CI) à partir de l'image hyperspectrale. L'application de cet algorithme a permis de générer autant de CI que de bandes spectrales. Toutefois, l'examen visuel de ces CI montre que seulement quelques une d'entre elles contiennent de l'information utile telle que des EM. Un échantillon composé de 7 CI parmi les 146 générées, ainsi que leur histogramme correspondant sont présentés dans la figure 5.7.

En considérant les histogrammes de chacune des CI, nous pouvons remarquer, par analyse visuelle, qu'une image reliée à un histogramme gaussien se caractérise par une absence d'informations significatives. Tandis qu'une image correspondante à un histogramme non gaussien contient des informations concernant un objet ou un matériau.

Afin de trier les CI porteuses d'informations utiles, nous calculons pour chacune d'entre elles un score de priorité en utilisant la technique (CSOS) présentée au chapitre 4 (cf. paragraphe 4.4.3).

Nous aboutissons ainsi, à une classification des CI par ordre décroissant d'importance, ce qui permet de ne sélectionner que les p (4) premières CI, supposées les plus prioritaires et porteuse d'informations. Pour l'extraction et l'étiquetage des EM, nous utilisons les techniques présentées dans le chapitre précédent (cf. paragraphe 4.4.4). Ces pixels extraits sont supposés être les plus purs et par conséquent, les plus représentatifs d'un matériau donné. L'étiquetage de ces EM leur permet d'avoir une signification thématique.

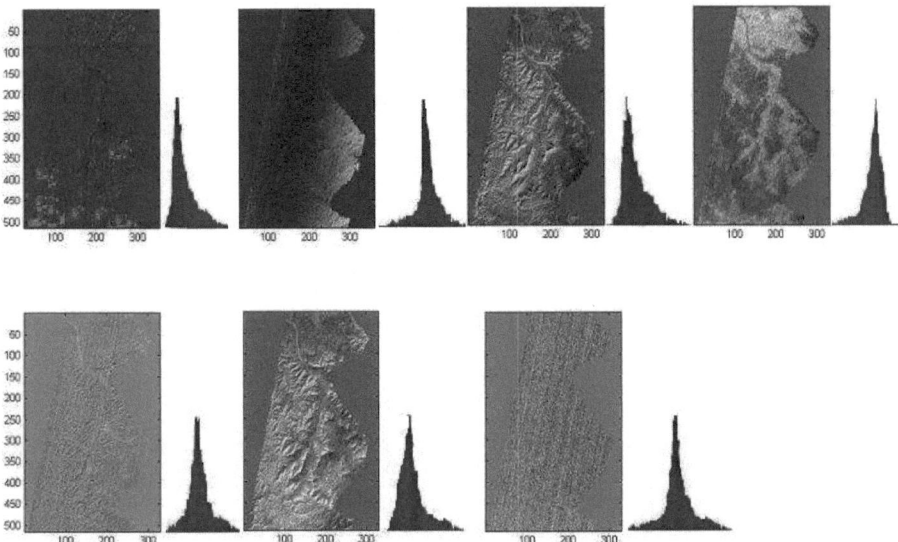

Figure 5.7 – Un extrait de 7 CI parmi les 146 générées par l'algorithme Fast-ICA ainsi que leur histogramme correspondant

L'ensemble des EM étiquetés, ainsi que, leurs correspondants dans la base de signatures spectrales de référence sont illustrés par les figures 5.8 à 5.11 qui correspondent respectivement au calcaire, gypse, sable et limon.

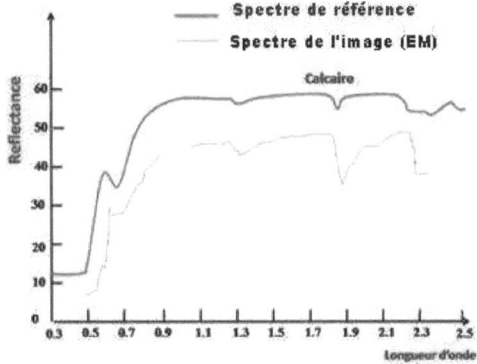

Figure 5.8: Signature spectrale du calcaire de l'image (trait fin) et du terrain (trait gras)

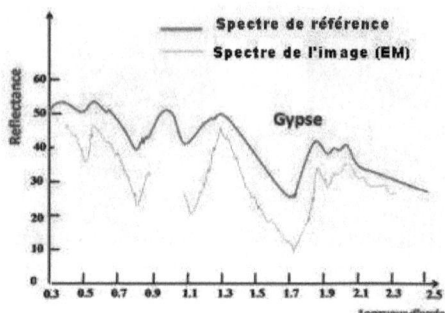

Figure 5.9 : Signature spectrale du gypse de l'image (trait fin) et du terrain (trait gras)

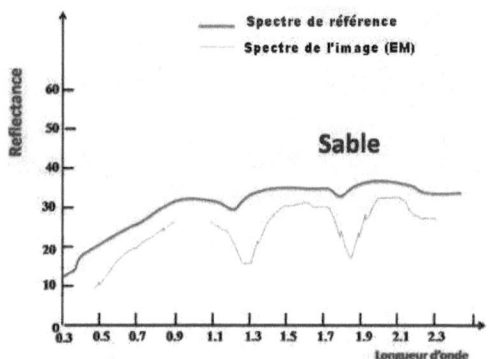

Figure 5.10 : Signature spectrale du sable de l'image (trait fin) et du terrain (trait gras)

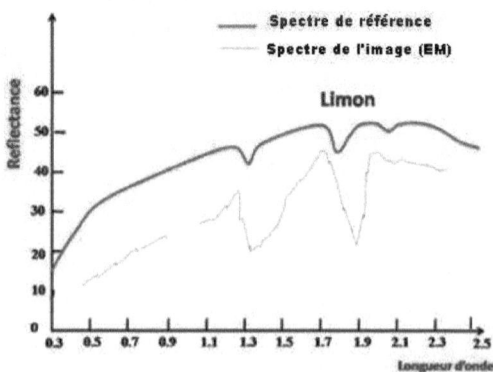

Figure 5.11: Signature spectrale du limon de l'image (trait fin) et du terrain (trait gras)

97

Le tableau 5.4 présente les taux d'appariement des 4 EM identifiés avec des spectres de la base de signature spectrale de référence, en utilisant 3 techniques de mesure de similarité spectrale, en l'occurrence, Similarité par Angle Spectral (SAS) [Kruse et al. 93], Similarité par Distance Spectrale (SDS) [Keränen 02],Similarité par Corrélation Spectrale (SBS) [Homayouni et al. 05].

Matériau	Degré d'appariement		
	(SAS) (%)	(SDS) (%)	(SBS) (%)
Gypse	68.88	62.21	66.34
Sable	92.97	79.71	71.54
Calcaire	80.72	61.15	66.65
Limon	71.62	62.22	58.84

Table 5.4 – Taux d'appariement des EM avec les spectres de la bibliothèque spectrale

Ces résultats illustrent le consensus affirmant que la mesure de similarité par l'angle spectral est la technique la plus robuste dans sa catégorie, et la moins sensible aux variations de l'illumination. Ceci, peut s'expliquer, notamment par le fait que la variation ne touche que la norme du vecteur et non pas sa direction.

5.4.1.1. Résultats

L'*output* de cette phase est un ensemble de cartes d'abondance étiquetées (une pour chaque EM identifié) avec une échelle qui représente le taux d'existence du matériau identifié dans chaque pixel. Les figures 5.12 et 5.13 présentent les cartes d'abondance générées respectivement par la méthode ICA-AQA [Chang C.I 06] et la méthode SAMSU proposée.

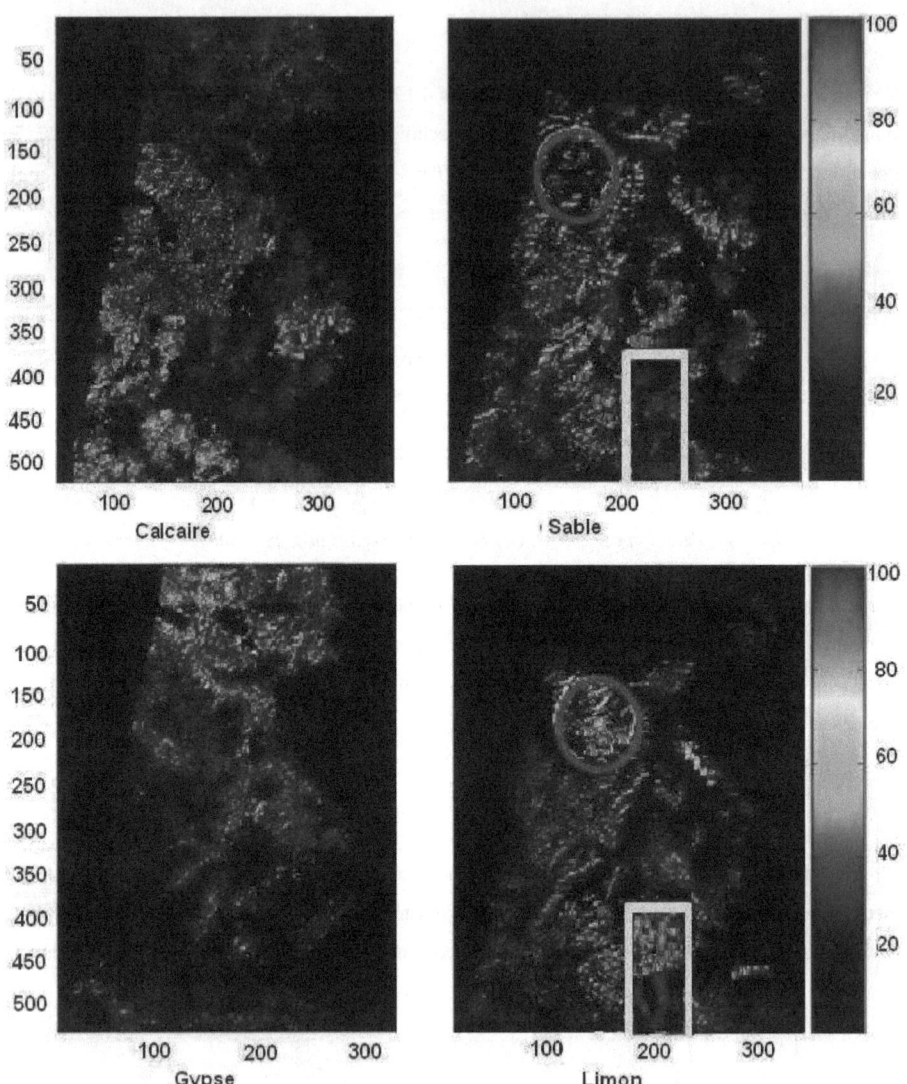

Figure 5.12 – Cartes d'abondances générées par la méthode ICA-AQA

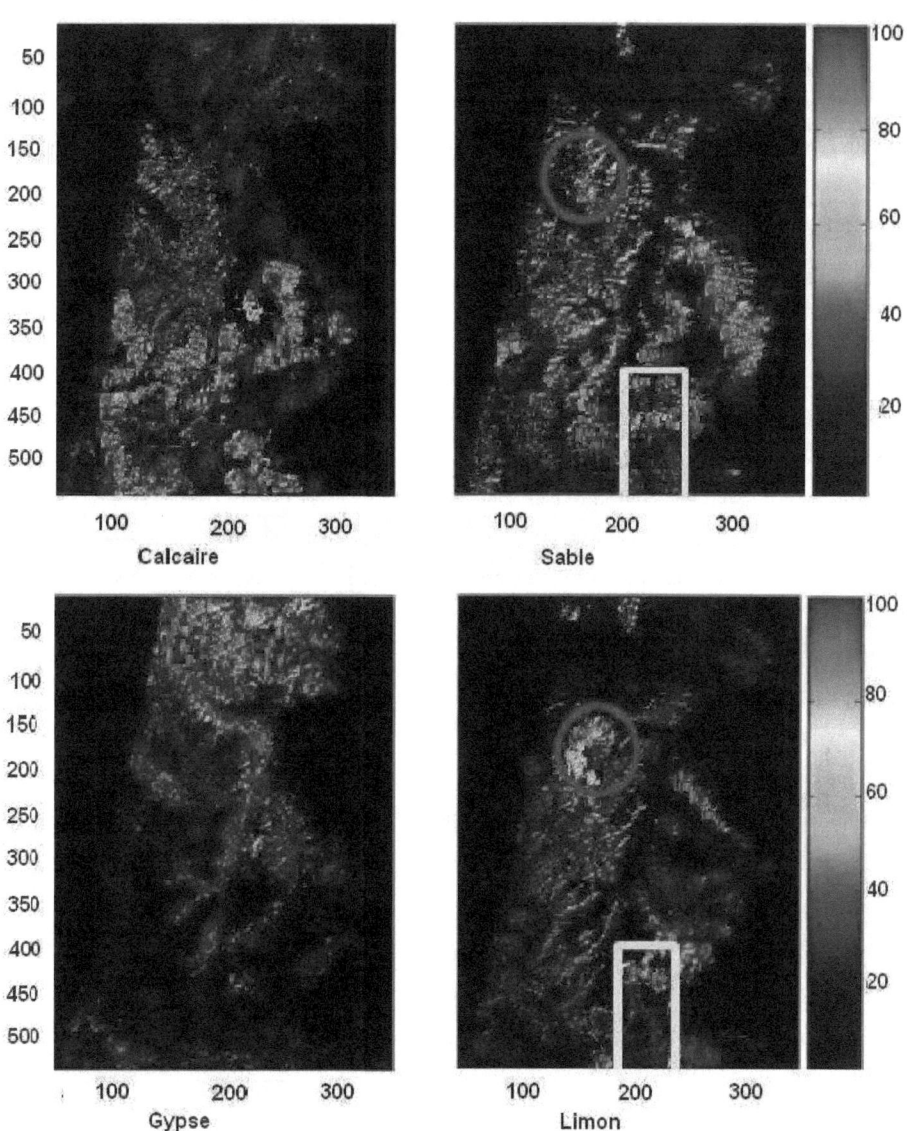

Figure 5.13 – Cartes d'abondances générées par la méthode « SAMSU »

5.4.1.2. Evaluation des résultats

L'évaluation des résultats est essentielle pour tout système d'analyse de données, et à *fortiori* pour les méthodes de démixage spectral. Elle permet non seulement de caractériser les résultats en sortie, mais aussi d'en donner une mesure de fiabilité.

Toutefois, avant d'analyser les résultats, nous rappelons brièvement les définitions des critères d'évaluation utilisés dans cette étude, en l'occurrence, la matrice de confusion floue [Binaghi et al. 99], la Précision Globale (PG), le Kappa Global (KG), la Précision de Production (PP) et la Précision de l'Utilisateur (PU). Nous notons aussi, que le choix de ces critères repose sur la disponibilité des connaissances sur le domaine tel que les données de référence et l'expertise humaine.

Notre choix sur la matrice de confusion floue est motivé par son adéquation à notre contexte. En effet, cette méthode d'évaluation est une extension de la matrice de confusion classique, elle est utilisée le plus souvent pour des classifications « Soft » produisant des valeurs continues (pourcentages, fractions, proportions, etc.) pour chaque classe ou catégorie générale (appartenance partielle d'un pixel à plusieurs classes). Le principe de calcul d'une matrice de confusion floue est semblable à celui d'une matrice de confusion ordinaire. Notons R_n: l'ensemble des données de référence de la classe[2] n et C_m : les fractions de la carte d'abondances de la classe m. Pour chacune des cartes d'abondance relative à une classe donnée, un pixel se voit attribuer un degré d'appartenance aux ensembles R_n et C_m.

Le principe de construire une matrice de confusion floue consiste, alors, à appliquer l'opérateur Min à l'équation (5.1), tandis que l'équation (5.2) rappelle le calcul usuel d'une matrice de confusion pour un élément de coordonnée (m, n):

$$\tilde{M}(m, n) = \left| \tilde{C}_m \cap \tilde{R}_n \right| = \sum_{x \in X} \mu_{\tilde{C}_m \cap \tilde{R}_n}(x) \tag{5.1}$$

$$\mu_{\tilde{C}_m \cap \tilde{R}_n}(x) = \min \left(\mu_{\tilde{C}_m}(x), \mu_{\tilde{R}_n}(x) \right), \quad \text{avec X nombre des échantillons}$$

$$M(m, n) = \left| C_m \cap R_n \right| = \sum_{x \in X} \mu_{C_m \cap R_n}(x) \tag{5.2}$$

$$\mu_{C_m \cap R_n}(x) = \begin{cases} 1 \text{ si } x \in C_m \text{ et } x \in R_n \\ 0 \qquad\qquad \text{sinon} \end{cases}$$

---

[2] Rappelons que le terme classe est employé dans un contexte thématique pour dire EM

Les valeurs de la diagonale de la matrice représentent le taux de bonne appartenance des pixels à une classe donnée et est donnée par l'équation (5.1).

De plus, la somme des cellules de la diagonale de la matrice $D = \sum \widetilde{M}(m, m)$ représente la somme des taux de bonne appartenance de pixels aux classes.

La division du total des cellules de la diagonale principale par le total des taux d'appartenance des données de référence (T) donne la « <u>précision globale</u> » de la classification. Pour chaque ligne de la matrice, la précision de classification relative à une classe donnée est obtenue en divisant l'élément correspondant à cette classe dans la diagonale D_m par le total des taux d'appartenance des données de référence relative à cette classe.

$$PP(\tilde{R}_m) = \frac{D_m}{P_{m+}}$$

Avec $P_{m+} = \sum_{x \in X} \mu_{\tilde{R}_m}(x)$ le taux d'appartenance total à $\tilde{R}_m$

Le résultat donne une mesure de la précision de classification pour la classe représentée par la ligne car elle fournit une mesure de la qualité de l'analyse lors de la production de la CA. Cette proportion, exprimée en pourcentage, est aussi connue sous le terme « <u>précision de production</u> », Une mesure semblable de la précision peut être également effectuée pour chaque colonne est obtenue en divisant l'élément correspondant à cette classe dans la diagonale D_m par le total des taux d'appartenance des données de référence relative à cette classe.

$$PU(\tilde{C}_m) = \frac{D_m}{P_{+m}}$$

Avec $P_{+m} = \sum_{x \in X} \mu_{\tilde{C}_m}(x)$ le taux d'appartenance total à $\tilde{C}_m$

La précision de la colonne est également connue sous le terme de « <u>précision de l'utilisateur</u> ».

Le total des valeurs dans les cellules non diagonales de n'importe quelle ligne représente le taux d'abondance de pixels qui ont été incorrectement attribués à des classes autres que celle représentée par la ligne. Cette valeur s'appelle « <u>erreur d'omission</u> » (EO), elle peut être calculée pour chaque classe en divisant ce total par la somme des totaux des lignes. De façon similaire, le total des valeurs des cellules non diagonales de n'importe quelle colonne représente le taux d'abondance de pixels qui ont été incorrectement inclus dans la classe représentée par la colonne. Cette valeur s'appelle « <u>erreur de commission</u> » (EC).

<u>Indice Kappa</u> : Une statistique que mesure l'accord, hors de la chance, entre deux cartes (e.g. le résultat d'une classification et la carte de référence). Si cet indice est évalué dans les opérations de classification entre 50 et 75 %, la classification adoptée est valable et les résultats peuvent être judicieusement utilisés Il y a plusieurs façons d'exprimer le coefficient de Kappa $\hat{K}$. Sur une

proposition de [Senseman et al. 95] pour la matrice telle que nous l'avons définie, Kappa est estimé par :

$$\widehat{K} = \frac{N\sum_{m=1}^{Q} D_m - \sum_{m=1}^{Q}(P_{m+}*P_{+m})}{N^2 - \sum_{m=1}^{Q}(P_{m+}*P_{+m})} \tag{5.3}$$

Où Q est le nombre des classes et N est le total des observations incluses dans la matrice.

Malgré que, les incertitudes caractérisant les matrices de confusion, difficile à éviter entre les classes de décision dans une opération de mesure de performances, elle permet, en contre partie, d'évaluer quantitativement la différence entre les fractions de cartes d'abondances de l'image et de référence.

Par ailleurs, il est évident que dans un cadre applicatif, tel le cas de notre étude, l'analyse quantitative de ces méthodes ne saurait être complète sans une procédure d'analyse qualitative permettant de comparer la méthode proposée avec d'autres méthodes de la littérature.

A cet effet, les tableaux 5.5 et 5.6 présentent l'ensemble des résultats obtenus, respectivement par la méthode d'analyse spectrale proposée SAMSU et celle de la méthode ICA-AQA.

Cartes d'abondance		Carte produite (%)					
		Gypse	Sable	Calcaire	Limon	Total $\mu_{\tilde{R}_m}$	PP
Vérité Terrain	Gypse	160.00	5.13	9.08	7.60	181.81	0.88
	Sable	12.09	148.02	10.02	8.2	178.33	0.83
	Calcaire	6.18	4.46	169.96	6.16	186.76	0.91
	Limon	7.12	5.62	9.86	182.86	205.46	0.89
	Total $\mu_{\tilde{C}_m}$	190.47	182.74	193.13	200.94	PG = 87,83 %	
	PU	0.84	0.81	0.88	0.91	Indice Kappa = 0.8799	

Tableau 5.5 – Matrice de confusion floue de l'approche proposée

Cartes d'abondance		Carte produite (%)					
		Gypse	Sable	Calcaire	Limon	Total	PP
Vérité terrain	Gypse	151.60	3.33	12.05	10.77	177.75	0.85
	Sable	10.09	98.58	19.02	63.07	190.76	0.51
	Calcaire	9.09	4.09	170.51	5.56	189.25	0.90
	Limon	10.56	◯	8.98	◯	186.65	◯
	Total	182.15	176,11	210,56	176,4	PG = 75,45 %	
	PU	0.83	◯	0.91	0.52	Indice Kappa = 0.5847	

Tableau 5.6. Matrice de confusion floue de la méthode ICA-AQA

Notons que, les CA de référence sont généralement, obtenues soit, en superposant l'image étudiée à une autre image à très haute résolution spatiale couvrant la même scène, soit, en effectuant un démixage spectral en utilisant des signatures spectrales de référence au lieu des EM extraites de l'image. Notre choix sur la deuxième option a été dicté par la disponibilité des signatures spectrales de références des matériaux composant la zone d'étude, qui permettent de produire des CA de très haute qualité [Boardman et al. 95].

5.4.1.3. Discussion

Une première inspection visuelle, faite sur les CA produites par la méthode ICA-AQA par un photo-interprète, montre une confusion spectrale entre les sols sableux et limoneux. Ceci est illustré par la séparation en deux classes au niveau des zones de test cadrées dans les deux images droite-haut et droite-bas de la figure 5.12 alors que la confrontation avec la réalité terrain a montré qu'il s'agit bien de la même classe. Cette confusion s'explique par la présence de ces zones sur un terrain marqué par une topographie très accidenté, illustrée par des courbes de niveau très rapprochées (figure 5.14b), qui provoque des effets de variation d'illumination intra-classe. D'autant plus, cette confusion est favorisée par une ressemblance spectrale constatée entre ces deux matériaux (sable et limon) comme l'illustre les figures 5.10 et 5.11. A l'inverse de la méthode ICA-AQA, la méthode SAMSU proposée a prouvé son efficacité à discriminer ces deux matériaux comme l'illustre la figure 5.13 au niveau des mêmes zones de test, cadrées en rouge et en jaune.

Bien qu'une interprétation visuelle donne une première impression subjective sur la qualité des résultats et la fiabilité des méthodes utilisées, une évaluation basée sur une analyse objective ne peut être que très appréciée.

À la lumière de ces résultats obtenus, nous avons pu constater que les critères de précision globale et le coefficient Kappa appréciable (dépassant les 75%) et présentent un avantage en faveur de notre approche. Cela s'exprime par une précision globale, pour notre méthode, de l'ordre de 87.83% contre 75.45 % pour la méthode ICA-AQA. D'autant plus, la méthode proposée offre une meilleure concordance avec la réalité du terrain, avec un coefficient Kappa (0,8799) relativement supérieur à celui de l'ICA-AQA (0,5847).

L'examen du tableau 5.6, nous a confirmé la confusion, constatée visuellement, entre le sable et le limon. Ceci est illustré par les valeurs PP= 0,52 de la classe limon qui indique une sous-estimation considérable de cette classe en faveur de la classe sable qui est par conséquent considérablement surestimée avec PU=0,56.

Ainsi, nous pouvons conclure, que la méthode SAMSU a permis la production de CA avec une meilleure précision grâce à sa capacité de réduction des effets de changement d'illumination, causé par la nature montagneuse du sol qui caractérise notre zone d'étude.

Cette évaluation a renforcé de plus le constat général évoqué lors de la description de l'approche relative à l'imperfection des données extraites (cartes d'abondances), ce qui nous a incités à proposer un cadre approprié pour leur modélisation et leur fusion avec d'autres sources de connaissances. L'interprétation des résultats délivrés par ce module par un modèle neuro-flou est explicitée dans la section suivante.

5.4.2. Phase d'interprétation des données hyperspectrales

Généralement, le but de la fusion de données pour les applications de cartographie est de sélectionner, selon des règles de décision, l'information pertinente provenant de plusieurs sources. Pour notre application, les sources sont les cartes d'abondance des matériaux et la carte des pentes. L'ensemble de ces informations, fournies pour un pixel donné, est représenté sous la forme d'un ensemble flou.

La fusion est réalisée à l'aide d'un modèle neuro-flou. Il s'agit de systèmes flous formés par un algorithme d'apprentissage inspiré de la théorie des réseaux de neurones. La technique d'apprentissage opère en fonction de l'information locale et produit uniquement des changements locaux dans le système flou d'origine [Nauck et al. 99]. En étant à l'intersection des réseaux de neurones et de la logique floue, les réseaux neuro-flous tirent avantages des deux méthodes. Un réseau neuro-flou permet à un système flou de déterminer automatiquement ses paramètres.

Nous présentons dans ce qui suit la mise en œuvre du système flou, ensuite nous présentons son adaptation grâce à un apprentissage. Enfin nous proposons d'évaluer l'efficacité de l'approche proposé en la comparant à des techniques classiques d'évaluation des risques. L'efficacité et le temps de réponse du système proposé sont aussi comparés avec quelques autres systèmes supportant des approches différentes.

Fuzzification

La fuzzification ou la définition des FA des variables d'entrées et de sorties consiste à fixer pour chaque variable les valeurs linguistiques ainsi que la forme des FA et le degré d'appartenance à différents états que l'on doit définir. Rappelons les *inputs* du bloc « fuzzification » :

– p cartes d'abondances (p est le nombre des EM identifiés),

– la carte des pentes (données thématiques),

Pour fuzzifier ces paramètres, nous avons besoin de leurs valeurs numériques respectives au niveau de chaque pixel du pavé hyperspectral et de la carte des pentes. Par opposition aux cartes thématiques classiques fournissant des nominés qualitatives des classes, nous utilisons uniquement à ce niveau les valeurs numériques de chacun des attributs pour la fusion neuro-floue. La fuzzification dépend de la confiance que l'on accorde aux mesures effectuées. Ainsi si la mesure est exacte, le sous ensemble flou doit être représenté par un fait précis. Par conséquent, on utilise la transformation dite de singleton. Par contre, si la mesure de la variable est incertaine, le sous ensemble flou doit être représenté par un fais imprécis. On utilise alors une méthode de fuzzification qui associe à la variable mesurée une FA bien définie. Dans notre cas, nous avons choisi une FA de la forme triangulaire pour modéliser les variables linguistiques des entrées. Ce choix est motivé pour les raisons citées précédemment (cf. paragraphe 4.5.3.1).

Les courbes des FA utilisées pour la fuzzification des variables en entrée du système ont été présentées à titre illustratif au chapitre précédent (figures 4.11 à 4.14).

Définition des règles d'inférence floues

Il s'agit de définir les règles qui lient les données aux sorties désirées. Les règles floues modélisent une certaine expertise du domaine, cette expertise peut être formulée directement par l'expert et le cogniticien ou bien elle peut être déduite à partir des données par l'apprentissage. Dans un premier temps, nous avons choisi de définir les règles en formalisant les connaissances de l'expert qui permettent à partir des différents types de données en entrée de qualifier le type d'érodibilité pour chaque pixel de l'image. Initialement, 112 règles floues ont été formulées par les experts du CNCT. Le tableau 5.7 présente un extrait de la matrice d'inférence des règles définies.

Règles	Pente					AB. sol Dur			AB. S. friable			AB.S. meuble			Erodibilité				
	FA	MO	AB	TA	EX	FA	MO	FO	FA	MO	FO	FA	MO	FO	FA	MD	MY	FO	EX
R1	1	0	0	0	0	0	0	1	0	1	0	0	1	0	0	0	1	0	0
R2	1	0	0	0	0	0	0	1	0	1	0	1	0	0	0	1	0	0	0
R3	1	0	0	0	0	0	0	1	1	0	0	0	1	0	0	1	0	0	0
R4	1	0	0	0	0	0	0	1	1	0	0	1	0	0	1	0	0	0	0
R5	1	0	0	0	0	0	1	0	0	0	1	0	1	0	0	0	1	0	0

Tableau 5.7. Extrait de la matrice d'inférence des règles floues

Apprentissage

L'algorithme de rétropropagation du gradient est utilisé par notre système. La phase fondamentale où, ce dernier est appliqué, est bien évidemment l'apprentissage. L'apprentissage adopté est un apprentissage adaptatif, où, les entrées sont présentées au réseau en même temps que les sorties correspondantes. L'étape d'apprentissage commence par une initialisation des poids du réseau neuro-flou par des valeurs définies aléatoirement. Les exemples d'apprentissage sont ensuite présentés au réseau et les neurones de la couche d'entrée sont activés. Cette entrée est propagée vers l'avant afin de calculer les sorties correspondantes concernant le degré d'érodibilité. Le réseau doit alors réajuster ses poids afin que la sortie calculée par ce réseau corresponde bien à la sortie désirée. Les erreurs de chaque neurone à la sortie sont calculées en utilisant la différence, à chacun de ces neurones, entre la valeur de sortie calculée et la valeur désirée. L'erreur commise est ensuite propagée vers l'arrière jusqu'à la couche d'entrée tout en modifiant la pondération. Les poids sont alors modifiés de telle sorte qu'à la prochaine itération, l'erreur commise entre la sortie calculée et connue soit minimisée. Ce processus est répété pour tous les exemples jusqu'à ce que l'erreur de sortie soit négligeable (inférieur à un certain seuil défini par l'expert).

Les résultats de la partition initiale des FA, ainsi que, leur réajustement après apprentissage ont été présentés à titre d'exemple au chapitre précédent (cf. paragraphe 4.5.2.2)

5.4.2.1. Résultats

La mise en application de cette phase d'interprétation des données hyperspectrales a permis de produire la carte d'érodibilité présentée par la figure 5.14. Concrètement, il s'agit de calculer le degré d'activation de chacun des nœuds du système neuro-flou proposé (cf. paragraphe 4.5.3.1) en fonction de ses entrées, ensuite, le système attribue une couleur légendaire pour le pixel en cours suivant la classe d'érodibilité respective. Nous avons proposé aussi de superposer cette carte sur une couche topographique des courbes de niveaux (intervalle de 10 m) afin d'illustrer l'effet de la topographie sur l'évaluation de l'intensité de ce phénomène d'érosion hydrique.

L'examen quantitatif de cette carte a fourni des statistiques sur le taux de présence de chacune des cinq classes d'érodibilité dans la scène analysée : faible (29 %), modérée (33 %), moyenne (18 %), forte (14 %), extrême (6 %).

Les zones à vulnérabilité extrême ou forte se trouvent sur le piémont et dans la haute montagne en zone amont (départ de l'érosion) où les pentes sont fortes (> 12°) et dont la nature géologique du sol est friable (gypse) ou meuble (limon). Notons que, pour les deux premières classes, seul le gradient de la pente joue le rôle de discriminant.

En revanche, les zones à vulnérabilité moyenne ou modérée se trouvent sur la plaine en zone transit (entre la zone amont et avale), où le degré de pente est modéré (entre 3 et 12°), reposant sur une assise géologique de nature friable (sol gypseux).

La zone avale (zone de dépôt et d'accumulation) du BV de l'Oued el Fard présente une érodibilité faible malgré l'abondance du sol meuble (sableux), ceci s'explique par le caractère perméable (infiltration importante) de ce type de sol ainsi que sa présence sur une pente faible à nulle (zone d'épandage).

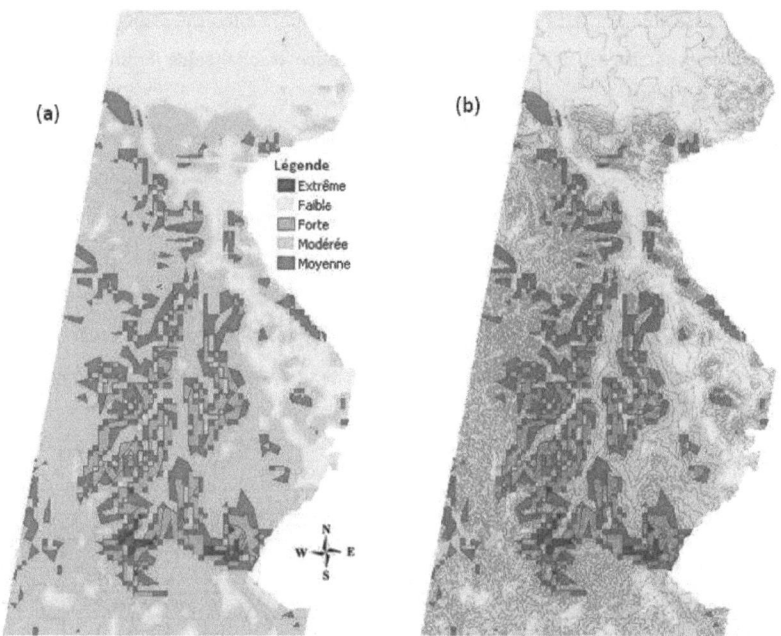

Figure 5.14. Carte d'érodibilité (a), avec superposition des courbes de niveau (b), représentant l'intensité des menaces à l'érosion hydrique obtenue par la mise en application du modèle proposé sur la zone d'étude du bassin versant de Oued el Fard.

5.4.2.2. Evaluation des résultats

Afin d'évaluer la méthode d'interprétation de l'IHS proposé, nous choisissons la même démarche et les mêmes critères de précision utilisés pour l'évaluation de la méthode de démixage spectral SAMSU.

Pour l'analyse quantitative, la matrice de confusion traditionnelle a été réalisée sur la base des populations de pixels de test, la même utilisée pour l'évaluation des résultats du démixage spectral. Le tableau 5.8 présente une comparaison globale entre la carte d'érodibilité produite et les mesures de terrain. La matrice de confusion produit deux types d'erreurs : l'erreur d'omission, qui attribue les points de référence d'une classe à une autre classe, et l'erreur de commission, où les points de référence d'une classe sont attribués à une autre classe par erreur. Le tableau indique une précision globale appréciable évaluée à 89,19 % et une bonne concordance avec la réalité terrain illustré par un indice Kappa évalué à 0,79.

Pour l'analyse qualitative, une analyse comparative de la méthode proposée avec deux autres méthodes de prédiction, en l'occurrence, la logique floue (LF) et les réseaux de neurones (RN), a été réalisée. Les résultats obtenus par les méthodes LF et RN sont présentés respectivement par les tableaux 5.9 et 5.10. Ces résultats ont permis d'illustrer l'apport de notre approche en termes de précision avec une PG de 75.04 et 82.01 respectivement pour la LF et les RN contre 89.19 pour l'approche proposée. D'autant plus, la méthode proposée offre une meilleure concordance avec la réalité du terrain, avec un coefficient Kappa (0,79) relativement supérieur à celui de la méthode LF (0,59) et à celui de méthode RN (0,67).

Erodibilité		Carte classifiée (%)						
		Extrême	Forte	Moyenne	Modérée	Faible	PP	EO
Vérité terrain	Extrême	90	10	0	0	0	90	10
	Forte	5.14	85.71	7.14	2.0	0	85.71	14.28
	Moyenne	0	6.71	88.57	4.72	0	88.57	11.43
	Modérée	0	0	4.13	85.71	10.16	85.71	14.29
	Faible	0	0	0	4	96	96	4
	PU	94.59	83.68	88.71	88.87	90.42	PG = 89,19 %	
	EC	5.4	16.31	11.29	11.11	9.58	Indice Kappa = 0.79	

Table 5.8. Matrice de confusion du modèle neuro-flou proposé

Erodibilité		Carte classifiée (%)						
		Extrême	Forte	Moyenne	Modérée	Faible	PP	EO
Vérité terrain	Extrême	87.35	7.17	3.66	1.82	0	87.35	12.63
	Forte	13.03	73.62	10.68	2.67	0	73.62	26.37
	Moyenne	5.32	7.14	63.19	21.35	3	63.19	36.81
	Modérée	0	0.84	18.62	69.27	11.27	69.27	30.72
	Faible	0	1.99	7.23	9.01	81.77	81.77	18.23
	PU	82.63	81.11	61.12	66.52	85.14	PG = 75,04%	
	EC	17.36	18.88	38.87	33.48	14.86	Indice Kappa = 0.59	

Tableau 5.9. Matrice de confusion du modèle Logique flou

Erodibilité		Carte classifiée (%)						
		Extrême	Forte	Moyenne	Modérée	Faible	PP	EO
Vérité terrain	Extrême	87.32	5.67	0	7.01	0	87.32	12.67
	Forte	12.70	77.70	2.92	6.71	0	77.70	22.29
	Moyenne	5.57	3.97	75.60	5.56	9.16	75.61	24.38
	Modérée	0	4.37	2.19	81.67	5.77	79.67	20.32
	Faible	0	0	0	9.20	96	89.78	10.22
	PU	82.63	81.11	61.12	66.52	84.14	PG = 82,01%	
	EC	17.36	18.88	38.87	33.48	14.86	Indice Kappa = 0.67	

Tableau 5.10. Matrice de confusion du modèle Réseau de neurones

Notons que, les plate-formes utilisées pour la génération des cartes d'érodibilité par les méthodes LF et RN sont respectivement: « Fuzzy Logic Toolbox » et « Neural Networks Toolbox ».

Finalement, nous avons pu dresser une matrice de confusion confrontant les résultats obtenus par chaque méthode avec la vérité terrain et nous avons dérivé, par conséquent, la précision moyenne de chaque méthode qui traduit son taux de précision en pourcentage par nature d'érodibilité. Le tableau 5.11 montre les résultats obtenus pour les différentes méthodes

	Réseaux de neurones	Fusion floue	Approche proposée
Extrême	87.32	87.35	90.00
Forte	77.70	73.62	85.71
Moyen	75.61	63.19	88.57
Modéré	81.67	69.27	85.71
Faible	96.00	81.77	96.00
Moyenne	83,66	75,04	89,19

Tableau 5.11. Etude comparative des taux de précision des différentes méthodes par niveau d'érodibilité

L'analyse du tableau 5.11 nous a permis de justifier la fiabilité du modèle neuro-flou proposé. En effet, en comparant la précision moyenne de la méthode basée sur la LF (75.04 %) avec celle basée sur les RN (83.66 %), nous pouvons remarquer l'amélioration remarquable (89.19 %) obtenue par le couplage de ces deux techniques dans une architecture hybride, sujet de l'approche proposée dans le cadre de cette étude. D'après l'étude menée sur les réseaux de neurones et la logique, la cause en est la nature complémentaire de ces deux méthodes et que l'approche proposée semble tirée profit de leurs avantages respectifs.

A la lumière des résultats obtenus, les experts du CNCT ont vivement reconnues la validité et la fiabilité de prédiction obtenue par le modèle neuro-flou, ils ont par conséquence recommandé sa généralisation sur d'autres zones d'études et ils ont proposé par la matière de la tester sur d'autres phénomènes naturels sources de risques potentiels, en l'occurrence, celui de la désertification.

Par ailleurs, si l'approche proposée est parvenue à améliorer la précision de la prédiction des risques, il ne faut pas aussi perdre de vue que cette amélioration ne doit pas être réalisée au profit du coût de traitement, autrement dit, l'amélioration des performances ne doit jamais aboutir à une complexité algorithmique non polynomiale. A ce titre, le paragraphe suivant propose de vérifier ce constat.

5.4.2.3. Evaluation de la complexité du modèle

Ayant comparé la précision des résultats obtenus avec d'autres approches, nous proposons maintenant d'évaluer la complexité du modèle proposé notamment en termes d'itérations d'apprentissage, et de comparer ses performances avec d'autres architectures. Remémorons-nous l'annexe B qui expose quelques autres variantes de modèles rencontrés dans la littérature. Afin de justifier le choix du modèle décrit dans la section 4.7, nous avons senti judicieux, à ce stade d'expérimentation, de comparer ses performances avec les performances d'autres modèles se basant sur des architectures différentes. En effet, des résultats de prédiction fiables ne peuvent guère se produire au profit d'un temps et un nombre d'itérations d'apprentissage raisonnable. Pour évaluer et comparer les performances, nous avons eu recours à un outil spécialisé : « Matlab Complexity Toolbox ». A ce titre, la technique de coefficient de certitude (cf. paragraphe 4.5.4) a été appliquée pour le nombre d'itérations d'apprentissage pour le modèle neuro-flou proposé, le modèle ANFIS [J. Roger 93] et le modèle NEFCLASS [Nauck et al. 99], chacun de ses modèles s'articule sur une architecture différente du perceptron flou (Cf. annexe B). La figure 5.15 illustre les résultats obtenus en termes de nombre d'itérations moyen entre les systèmes respectifs.

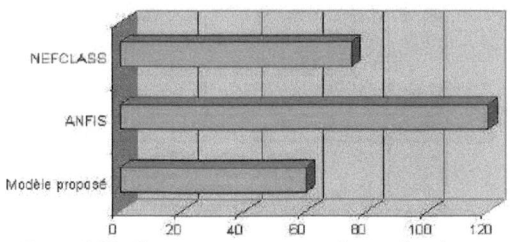

Figure 5.15. Comparaison en termes de complexité entre
ANFIS, NEFCLASS et le modèle proposé

5.4.2.4. Discussion et interprétation thématique

Dans les sections précédentes, nous avons présenté plusieurs niveaux d'évaluation de l'approche proposée sur une application thématique originale traitant le cas d'érosion hydrique dans une zone aride du sud tunisien. La performance des résultats obtenus, que ce soit au niveau du démixage spectral, ou bien, au niveau du modèle neuro-flou, illustre la validité du modèle prédictif mis en œuvre pour l'interprétation d'IHS, la pertinence de l'architecture proposée et la fiabilité des algorithmes d'apprentissage.

A ce niveau d'expérimentation, nous pouvons conclure que la méthodologie adoptée dans cette étude a permis d'atteindre ses objectifs en réalisant une carte prévisionnelle d'érodibilité qui définit les zones menacées par le ruissellement des eaux, du point de vue intensité et répartition spatiale. En l'absence de travaux antérieurs sur la zone d'étude, la validation a été faite par confrontation directe avec la réalité de terrain produisant un taux d'exactitude évalué à environ 89.19

L'examen général de la carte d'érodibilité montre que les sols sérieusement menacées par l'érosion, de la classe « extrême et forte érodibilité » sont situées respectivement dans le piémont et la haute montagne, en zone amont du BV de Oued el Fard. Elles sont associées aux aires très érodées « badland » façonnés par les ravins (figure 5.16) avec un sol gypseux ou limoneux.

Ces zones sont traversées par plusieurs entailles fluviatiles. Celles-ci se connectent aux principaux cours d'eau, en l'occurrence les oueds. Les zones relativement menacées par l'érosion, des classes « érodibilité moyenne ou modérée » sont associées aux aires de pentes moyennes et dont la surface du sol est relativement friable (sol gypseux).

Figure. 5.16. : Sol dégradé « badland » par érosion hydrique

Ces zones occupent des proportions et des répartitions différentes sur les vallées et les terrasses d'oueds qui prennent naissance au pied de l'abrupt des montagnes taillées dans les formations secondaires et s'étend jusqu'aux zones de dépôt en aval (lentilles de sables grossiers et de graviers). Quant à la classe de faible érodibilité est associée aux classes de sols développés sur pentes douces situées sur les plaines qui caractérisent la partie avale du bassin versant de oued el Fard.

On notera par ailleurs que les pentes jouent un rôle déterminant dans la discrimination des classes d'érodibilité, car elles conditionnent la vitesse des écoulements et l'énergie de déplacement des particules issues de matériaux friables. Il est clair que la sensibilité et l'érodibilité du BV obéit à l'interaction de ces différents facteurs et leurs articulations dans l'espace et le temps.

Les résultats obtenus expliquent l'interaction des paramètres précédemment décrits sans tenir compte d'autres paramètres tels que l'occupation du sol et la pratique agricole, que nous n'abordons pas dans le cadre de cette étude. Toutefois, il faut noter que ces paramètres introduisent un facteur anthropique qu'il ne faut pas ignorer dans un contexte plus large, où la gestion du risque potentiel sera l'objectif ciblé.

5.5. Conclusion

L'érosion hydrique dans les zones aride du sud tunisien exerce une influence majeure sur la dégradation de la fertilité des terres. A cet effet, une cartographie précise des espaces exposés à cette menace est nécessaire afin d'évaluer les procédures de conseil et d'aménagement à mettre en place pour limiter la disparition de sols fertiles drainés par les cours d'eau jusqu'à la mer. Ce processus est le résultat des interactions complexes entre divers facteurs environnementaux, en l'occurrence la topographie, le sol, la roche mère, les précipitations, le drainage et certaines pratiques agricoles.

L'objectif de cette étude étant, de développer un modèle décisionnel et prévisionnel basé essentiellement sur un apport cognitif, nous nous limitons au cas de l'érodibilité hydrique (le cas du risque potentiel qui tient compte des facteurs anthropiques ne fera pas l'objet de cette étude).

Ce chapitre, nous a permis de mettre en œuvre et d'évaluer objectivement l'approche proposée. Les résultats obtenus ont montré à la fois l'efficacité de l'approche en termes de précision et son adéquation à la prédiction et à l'évaluation de l'érodibilité hydrique.

Les configurations spatiale et spectrale du capteur HYPERION en conjonction avec le développement de méthodes de prétraitement des images, a permis d'obtenir des images exploitables contenant l'information recherchée. La précision géométrique et radiométrique des images acquises s'est révélée cruciale pour une analyse pertinente. Des méthodes efficaces de traitement d'IHS ont été mises en place et ont montré la possibilité d'extraction de l'information utile sur la thématique choisie. Toutefois, l'automatisation complète du processus d'analyse spectrale est une tache complexe de traitement d'IHS au vu de la richesse et de la quantité des données à traiter

En guise de conclusion, nous pouvons remarquer que, loin d'être amoindrie, la gestion des zones menacées par l'érosion hydrique est plus que jamais d'actualité en imagerie hyperspectrale pour deux raisons majeurs : l'information extractible est extrêmement riche et nécessite une connaissance accrue des aspects thématiques ; la richesse des données implique de mettre en œuvre des procédures d'extraction d'information de complexité accrue.

Conclusions et perspectives

La disponibilité des images hyperspectrales constitue potentiellement un très grand apport pour la cartographie des ressources naturelles et de l'état de surface terrestre. Conscient des difficultés liées à la qualité de l'information sous-jacente, de l'inadéquation des méthodes classiques de traitement d'images à la particularité des IHS et au coût d'acquisition élevé de données lithologiques et des mesures de terrain ou en laboratoire, nous sentons le besoin d'établir des stratégies d'analyse et d'interprétation adaptées à la nature des données hyperspectrales.

L'état de l'art a montré le peu de travaux effectués dans un contexte hyperspectral impliquant une modélisation efficace de la variabilité spatio-spectrale des phénomènes naturels et un recours espéré aux concepts de traitement du signal et aux méthodes cognitives d'interprétation. L'analyse de cet état de l'art a montré que l'imperfection et l'incomplétude des données extraites exigent leur confrontation avec d'autres sources de connaissances. Il a été constaté aussi, qu'une approche de fusion possibiliste post-démixage spectral devait être retenue dans un contexte entaché de bruit et d'imperfection.

Ainsi, nous avons proposé dans le cadre de cette thèse une méthodologie globale pour la gestion des risques naturels à partir des IHS. Son objectif est de répondre à la forte demande dans la création et/ou la mise à jour automatisé des cartes moyennant la fusion de données multi-sources.

Ainsi, des techniques de "traitement de signal" d'une part et des méthodes de reconnaissance de formes et d'"intelligence artificielle" d'autre part ont été privilégiées. Par conséquent, toutes ces techniques ont été couplées dans un cadre cohérent, pour enfin construire des outils cartographiques prospectifs d'aide à la décision. Ces outils sont très utiles aux experts de l'aménagement du territoire dans le cadre d'une stratégie du développement durable des régions menacées par l'érosion hydrique.

La méthodologie proposée comprend une chaîne de traitement allant de l'acquisition des données et de l'extraction des informations jusqu'à leur interprétation. Elle est construite principalement autour de trois phases majeures : le prétraitement, l'analyse et enfin l'interprétation des résultats. L'analyse d'IHS a montré qu'indépendamment de leurs aptitudes et performances intrinsèques, une très haute précision de calage géométrique et de calibrage spectral et radiométrique des capteurs est indispensable à la restitution de données de qualité directement exploitables. Les IHS calibrées nécessitent en outre deux étapes de prétraitement incontournables dans la majeure partie des applications. La première consiste à corriger les effets des distordions géométrique. Nous avons vu qu'une approche non paramétrique, basée sur des points d'amer, est plus appropriée qu'une approche paramétrique. La deuxième étape de prétraitement consiste à corriger les distordions radiométriques induites par l'atmosphère et l'éclairement.

La richesse de l'information spectrale ouvre la voix à une cartographie à l'échelle sub-pixellaire par des techniques de démixage spectral. Nous avons montré la faisabilité d'une procédure de démixage spectral basée sur des techniques de séparation aveugle de sources. Nous avons proposé par le bais d'une méthode d'analyse spectrale, une nouvelle méthode pour la quantification des abondances. L'avantage de cette méthode réside dans son invariance aux effets de changements d'illumination, en plus de son respect aux contraintes physiques de positivité et de somme unitaire. Cette phase d'analyse aboutit donc, à produire un ensemble de cartes d'abondances (une pour chaque matériau identifiée) où la valeur du pixel correspond au taux de présence du matériau qu'il représente dans ce pixel.

Après avoir mis en évidence et étudié en détail la phase d'analyse, nous avons proposé une nouvelle méthode pour l'interprétation des cartes d'abondances obtenues. En effet, l'hypothèse qui suggère que les fractions générées sont théoriquement prêtes à l'emploi pour la réalisation de différentes tâches et particulièrement la production d'une carte thématique nous semble d'une vision restrictive. A ce titre, nous avons proposé de l'étendre dans le cadre de nos travaux. Ainsi, l'originalité des travaux réside majoritairement dans la proposition d'un nouveau cadre d'interprétation des résultats post-démixage spectral, en les fusionnant avec des d'autres sources de connaissances pour une cartographie précise des phénomènes à l'origine des risques naturels menaçant la terre. Pour cela, nous avons aussi exploité la coopération entre les réseaux de neurones et la logique floue pour l'interprétation des connaissances mobilisées pour cette tache. Ce module est basé sur un modèle neuro-flou qui a été sélectionnée principalement pour : sa conception a base de règles floues, sa tolérance à l'imprécision, son calcul parallèle, ses capacités d'apprentissage.

Les contributions majeures de ce travail sont :

Une nouvelle technique de démixage spectral

Pour le processus de démixage spectral, nous avons mis au point une nouvelle méthode basée sur la séparation aveugle de sources et les mesures d'angles spectrales. Nous avons appliqué cette méthode sur une image hyperspectrale, et nous avons démontré son apport en termes de précision.

Une nouvelle méthode d'interprétation des IHS

Pour l'interprétation des données hyperspectrales, nous avons proposé une nouvelle approche de fusion possibiliste basée sur un modèle neuro-flou permettant de traiter conjointement les problèmes d'ambigüité entachant les IHS et d'incertitude caractérisant les méthodes de démixage spectral. Le modèle proposé, étant un modèle générique, est adaptable à diverses natures d'applications thématiques.

Une application thématique de l'approche proposée

Afin d'évaluer l'approche proposée et de démontrer son impact économique et écologique, nous l'avons mise en application pour la cartographie des zones à risque d'érosion hydrique dans un milieu aride du Sud Tunisien (Matmata). Ceci a permis de produire un inventaire sur les espaces du sol dégradés et les dommages provoqués. Grâce à une collaboration fructueuse avec les experts thématiciens du CNCT, l'étude a conduit à la restitution de produits cartographiques décrivant de manière précise les zones à risque d'érosion hydrique menaçant la région. L'évaluation quantitative et qualitative des résultats obtenus, nous a permis de démontrer l'apport de l'approche proposée en termes de précision et de coût.

En guise de conclusion, la méthodologie proposée a permis d'incorporer de manière souple de nouvelles techniques à différents niveaux. Un des avantages de notre méthode est de n'utiliser que très peu de sources d'information. Cependant, sa modularité permet l'incorporation d'autres données externes. Il convient de veiller toutefois, à ce que l'introduction de ces données n'augmente pas la complexité de manière trop importante, et que le gain de précision et de fiabilité soit en accord avec les besoins opérationnels.

Les perspectives de notre approche se traduisent par l'extension du traitement pour couvrir les images hyperspectrales multi-temporelles. Cette extension s'accompagne par des nouvelles problématiques telles que le suivi dynamique de l'érosion hydrique, la dimensionnalité d'avantage aggravée, les différences de conditions de prises des images, etc. Ces problématiques impliquent une nouvelle modélisation de la signature spectrale.

Les SIG constituent, comme une perspective pour notre étude, un allié fructueux et une piste de recherche permettant la fusion, l'extraction, la gestion et la représentation optimale des connaissances.

Une autre piste de recherche consiste à dépasser les limitations de l'hypothèse de mélange linéaire. L'objectif sera donc le développement d'une nouvelle méthode de démixage non linéaire en analysant les contraintes permises en fonction du domaine spectral considéré. Enfin, et c'est le plus évident, l'imagerie hyperspectrale a maintenant dépassé l'ère de la curiosité. Nous sommes maintenant équipés de bons outils. Il convient de chercher leurs applications effectives et de répondre aux questions dans des domaines variés.

Bibliographie

[Adams 91] K. Adams. **Spectral mixture modelling: a new analyse of rock and soil types at viking landser site.** Journal of geophysical research, pages 8098–8112, 1991.

[Alexis et al. 07] Alexis H. and Mireille G. **Independent Component Analysis-Based Estimation of Anomaly Abundances in Hyperspectral Images** Advanced Concepts for Intelligent Vision Systems Lecture, Volume 4678/2007, 168-177, 2007.

[ASD 99] **Analytical Spectral Devices, Inc. (ASD),** http://www.asdi.com/products-spectroradiometers.asp, 1999.

[Auzet A.V.et al. 90] Auzet A.V et al. **An approach to the assessment of erosion forms and erosion risk on agricultural land in te nothern Paris Basin, France.** In Soil erosion on agricultural land Eds.: 383-400, 1990.

[Bandemer et al. 95] H. Bandemer and S. Gottwald. **Fuzzy sets, fuzzy logic, fuzzy methods with applications.** Wiley, 1995.

[Bannari et al. 07] A. Bannari, M. Chevrier, K. Staenz, and H. McNairn. **Potential of hyperspectal indices for estimating crop residue cover.** Revue Télédétection, 7, No. 1-2-3-4 :447–463, 2008.

[Bannari et al. 08] A. Bannari, M. Chevrier, K. Staenz, and H. McNairn. **Potential of hyperspectal indices for estimating crop residue cover.** Revue Télédétection, 7, No. 1-2-3-4 :447–463, 2008.

[Baret 99] F. Baret. **Hyperspectral remote sensing concepts and use.** Atelier CNES Imagerie hyperspectrale, Toulouse, 1999.

[Belouchrani et al. 97] A. Belouchrani, K. A. Meraim, J.F. Cardoso, E. Moulines. **A blind source separation technique using second-order statistics.** IEEE Signal Proc., 45, 434-444, 1997.

[Ben Rabah et al. 09] Z. B. Rabah, Farah I. R., B. Solaiman, H. B. Guzala. Guezala **Un modèle neuro-flou pour l'interprétation d'images hyperspectrales : application à la gestion des risques,** Traitement et Analyse de l'Information Méthode et Application TAIMA 2009 Tunisie, 16-18 mars, 2009.

[Ben Rabah et al. 11] Z. B. Rabah, Farah I. R., B. Solaiman, G. Mercier **A New Method to Change Illumination Effect Reduction based on Spectral Angle Constraint for Hyperspectral Image Unmixing** IEEE Geoscience and Remote Sensing Letters (GRSL), 2011.

[Ben Rabah, 10] Z. B. Rabah, **Modélisation de l'érosion hydrique à partir des images satellitales hyperspectrales et des données thématiques,** XIIème Journées Scientifiques du Réseau Télédétection de l'Agence Universitaire de la Francophonie Monastir (Tunisie) du 23-25 Novembre, 2010.

119

[Ben-Dor 03] E. Ben-Dor. **Imaging spectrometry for urban applications.** Kluwer Academic Publishers, Chapitre 9 :243–281, 2003.

[Berk 98] Berk A., Bernstein L., Anderson G., Acharya P., Robertson D., Chetwynd J. et Alder-Golden S. **Modtran cloud and multiple scattering upgrades with application to aviris,** Remote Sensing of Environment, vol. 65, pp: 367-375, 1998.

[Berenji 92] H.R. Berenji, **A reinforcement learning-based architecture for fuzzy logic control,** Int. Journal Approximate Reasoning, 6267-292, 1992.

[Berenji et al 92] H.R. Berenji and P. Khedkar, **Learning and Tuning Fuzzy Logic Controllers through Reinforcements,** IEEE Transactions on Neural Networks, Vol (3), pp. 724–740, 1992.

[Bijaoui et al. 00] A. Bijaoui, D. Nuzillard, and T. Deb Barma. **Séparation aveugle de sources, démixage de pixel et la classification, application en télédétection.** Action spécifique de GDR-ISIS, ENST-Paris, Décembre, 2003.

[Binaghi et al. 99] E. Binaghi, P.A. Brivio, P. Ghezzi, and A. Rampini. **A fuzzy set-based accuracy assessment of soft classification.** Pattern Recognition Letters, 20 :935–948, 1999.

[Bloch et al. 04] I. Bloch and H. Maitre. **Les méthodes de raisonnement dans les images.** Ecole Nationale Supérieure des Télécommunications-CNRS UMR 5141 LTCI, Paris, 2004.

[Boardman 89] .W. Boardman, **Inversion of imaging spectrometry data using singular value decomposition,** Proc. IEEE Sym. Geoscience and Remote Sensing, pp. 2069-2072, 1989.

[Boardman et al. 95] R.H. Yuhas, A.F.H. Goetz, and J.W. Boardman. **Discrimination among semi-arid landscape endmembers using the spectral angle mapper (sam) algorithm.** Summaries of the Third Annual JPL Airborne Geoscience Workshop, 92-14 :147-149, 1992.

[Botchko et al. 03] V. Botchko, E. Berina, Z. Korotkaya, J. Parkkinen, and T. Jaaskelainen. **Independent component analysis in spectral images.** Proceedings of the 4th International Symposium on IndependentComponent Analysis and Blind Signal Separation (ICA 2003), Nara (Japon), 41 :89–99, 2003.

[Boujelbene et al. 07] S. Zribi Boujelbene , D. Ben Ayed Mezghani et N. Ellouze, **Systèmes à Inférences Floues pour la Classification Phonémique,** Faculté des Sciences Humaines et sociales de Tunis, 2007.

[Bouyssou 89] D. Bouyssou. **Modelling inaccurate determination, imprecision using multiple criteria,** Improving Decision Making in Organisations, Springer, page 7887, 1989.

[Breckinridge 98] J. Breckinridge. **Evolution of imaging spectrometry : past, present and future.** Proceedings of the SPIE, 3499 :277–285,1998.

[Burnett et al. 03] C. Burnett and T. Blaschke. **A multi-scale segmentation/object relationship modelling methodology forlandscape analysis.** Ecological modelling, n.168 :233–249, 2003.

[Burns 01] Burns, R.S. **Advanced Control Engineering.** butterworth heinemann ed. ,2001.

[Burrough et al. 98] P.A Burrough and R.A McDonnell. **Principals of Geographical Information Systems.** Oxford University Press, 1998.

[Cabrières 01] Cabrières, B. **SPOT4-CNES.** CNES,2001.

[Capelle et al. 05] A.-S. Capelle, O. Colot, and C. Fernandez-Maloigne. **Evidential clustering algorithm for color quantization.** Beijing International Conference on Imaging : Technology and Applications for the 21st Century, Beijing, China, May 2005.

[Cardoso et al. 93] Cardoso, J. F., and Souloumiac, A. **Blind beamforming for non Gaussian signals.** IEEE Proceedings-F, 140, 6, pp. 362–370, 1993.

[Chang 03] C.I. Chang. **Hyperspectral imaging.** Kluwer Academic/Plenum Publishers, New York, USA, 2003.

[Chang 04] C.I. Chang. **Estimation of the number of spectral sources in hyperspectral imagery.** IEEE Transactions on Geoscience and Remote Sensing, 42, 2004.

[Chang et al. 06] J. Wang and C.-I Chang. **Applications of independent component analysis in endmember extraction and abundance quantification for hyperspectral imagery.** IEEE Transactions on Geoscience and Remote Sensing, 44, no.9, September 2006.

[Chehdi et al. 00] K. Chehdi and C. Kermad. **Multi-bands image segmentation : A scalar approach.** IEEE International Conference on Image Processing, page 10121025, 2000.

[Chen et Al. 02] Chen, C.C. et C.C. Wong . **Self-generating rule-mapping fuzzy controller design using a genetic algorithm.** In: IEE Proceedings on Control Theory and Applications. Vol. 49. pp. 143–148, 2002.

[Chavez 89] Chavez, P. S., Jr. **Radiometric calibration of Landsat Thematic Mapper multispectral images.** Photogramm. Eng. Remote Sens. 55:1285–1294, 1989.

[Chitroub 04] S. Chitroub. **ACP d'images optiques de télédétection, approche neuronale.** African Conference on Research in Computer Science, 7, 2004.

[Cipra et al. 80] Cipra J.E, Franzmeier D.P, Bauer M.E **Comparaison of multispectral measurement from some nonvegetated soils using Landsat digital data and a spectroradiometer.** Soil Sci. Soc. Amer. J.vol 44, pp80-84, 1980.

[Cipra et al. 80] Cipra J-E. et al. **Comparaison of multispectral measurments from some non vegetated soil using landsat digital data and spectroradiometer.** Soil Sci. Soc Amer J. vol 44, PP 80-84,1980.

[Clark 95] R. Clark. **About reflectance spectroscopy.** Handbook of Physical constants, pages 178–188, 1995.

[Clark et al. 84] R. Clark and T. Roush. **Refllectance spectroscopy : quantitative analysis techniques for remote sensing applications.** Journal of Geophysical Research, 89, N.B7 :6329–6340, 1984.

[Clouard et al. 95] R. Clouard, A. Elmoataz, C. Porquet, and M. Revenu. Borg : A **knowledge-based system for the automation of image segmentation task.** IEEE Intertnational Conference on Image Processing and its Applications, pages 524–528, 1995.

[Congar 00] R. Congar. **Incertitude forte et environnement : de nouveaux critères de décision.** PhD thesis, Université de Rouen, 2000.

[Craig et al. 94] A. Green, M. Berman, P. Switzer, and M. Craig. **Transformation for ordering multispectral data in terms of image quality with implications for noise removoal.** IEEE Transactions on Geoscience and Remote Sensing, 26, no1 :65–74, 1988.

[Djafari et al. 05] A. M-Djafari and A. Mohammadpour. **Modeling wavelenght and spatial dependency in the hyperspectral image proccessing.** STATDEP 2005, Statistics for Dependent Data, 2005.

[Dutkiewicz et al. 03] A. Dutkiewicz, M. Lewisa, and B. Ostendorf. **Mapping surface symptoms of dryland salinity with hyperspectral imagery.** ISPRS Commission VII Mid-term Symposium, pages 18–29, Mai 2006.

[Elbouqdaoui et al. 06] K. Elbouqdaoui, H. Ezzine, M. Badrahoui, M. Rouchdi, M. Zahraoui, A. Ozer **Evaluation by remote sensing and SIG of potential erosion risk in the Oued Srou Basin (Middle Atlas, Morocco)** Tome 1-2, pp. 25-36, 2005.

[Escadafal et al. 86] Escadafal R., Mtimet A., Asseline J. **Etude expérimentale de la dynamique superficielle d'un sol aride (Bir Lahmar – Sud Tunisien).** Résultats des campagnes de mesures sous pluies simulées. ES 231 – D/Sols, tunis, 63 p, 1986.

[FAO 83] FAO. **Directives pour la lutte contre la dégradation des sols.** Napoli, 1983.

[Farah 03] I. R. Farah, **Vers une analyse intelligente d'images satellitales par fission/fusion multicapteurs** , Thèse de Doctorat en informatique, Ecole Nationale des Sciences de l'Informatique, Tunisie, 14 juin 2003.

[Farah et al. 08] I. R. Farah, K. Saheb Ettabaa, and M. Ben Ahmed, **Interpretation of Multisensor Remote Sensing Images: Multiapproach Fusion of Uncertain Information** IEEE TRANSACTIONS ON GEOSCIENCE AND REMOTE SENSING, vol. 46, no. 12, 2008.

[Floret et al. 82] floret,C. pontanierr **L'aridité en Tunisie présaharienne,climat, sol, végétation et aménagement.** Thèse d'État, USTL Montpellier, Travaux et doc. ORSTOM, Paris, 544p, 1982.

[Freeman 87] Freeman, W. J. **Simulation of chaotic eeg patterns with a dynamic model of the olfactory system.** Biological Cybernetics, 56(2-3):139–150, 1987.

[Freitas et al. 08] C.C. Freitas, F.T. Martins, L.V. Dutra, and F. R. Fonseca. **Risk Mapping of Schistosomiasis in Minas Gerais, Brazil, Using MODIS and Socioeconomic Spatial Data.** IEEE IGRS Symposium, IGARSS, Boston, U.S.A, 2008.

[Gamba et al. 98] P. Gamba and P. Savazzi. **Classification of urban environments in sar images : a fuzzy clustering perspective.** Seattle Italy, 1 :351353, 1998.

[García-Haro et al. 05] García-Haro, F. J. Sommer, S. Kemper, T. **variable multiple endmember spectral mixture analysis (VMESMA)** , IJRS, V. 26, Number 10, pp. 2135-2162(28), 2005.

[Germond et al. 97] L. Germond, C. Garbay, C. Taylor, and S. Solloway. Coopération entre processus guidés par les données et processus guidés par les modèles pour la segmentation. Actes GRETSI, Grenoble (France), 2 :371–374, 1997.

[Girard 86] Girard M-C. Interprétation pédologique des photographies prises par spacelab 1 . ITC Journal, n°1, Enschede, Hollande, p 14-18, 1986.

[Goetz 92] A. Goetz. Imaging spectrometry: sensors and data analysis. Proceedings of the International Geoscience and Remote Sensing Symposium IGARSS, Houston TX, USA, 1992.

[Gouriveau et al. 07] R. Gouriveau, M. El-Koujok, and N. Zerhouni. Spécification d'un système neuro-floue prédiction de défaillances à moyen terme, 2007.

[Green et al. 88] A. Green, M. Berman, P. Switzer, and M. Craig. Transformation for ordering multispectral data in terms of image quality with implications for noise removoal. IEEE Transactions on Geoscience and Remote Sensing, 26, no1 :65–74, 1988.

[Guis et al. 07] H. Guis, A. Tran, S. De La Rocque, T. Baldet, G. Gerbier and F. Mauny. Use of high spatial resolution satellite imagery to characterize landscape at risk for bluetongue. Veterinary research, 38 :669–683, 2007.

[Hagan 94] Hagan, M. T. and M. Menhaj Training feedforward networks with the Marquardt algorithm. IEEE Transactions on Neural Networks 5(6): 989–993, 1994.

[Harsanyi et al. 06] J.C. Harsanyi, and C.-I Chang, Hyperspectral image classification and dimensionality reduction: an orthogonal , Geoscience and Remote Sensing, IEEE Transactions, VOL. 32, NO.4, PP 779-785, 2006.

[Haykin 94] Haykin, S. Neural Networks: A comprehensive foundation (New York: Macmillan), 1994.

[Homayouni 05] S. Homayouni. Caractérisation des scènes urbaines par analyse des images hyperspectrales. PhD thesis, ENST de Paris, 2005.

[Huck et al. 07] A. Huck and M. Guillaume. Independent component analysis-based estimation of anomaly abundances in hyperspectral images. IEEE Transactions on Geoscience and Remote Sensing, 44,n 9 :168–177, 2007.

[Hudelot 05] C. Hudelot. Towards a Cognitive Vision Platform for Semantic Image Interpretation, Application to the Recognition of Biological Organisms. Rapport de these, université de Nice - Sophia Antipolis, p 45-57, 2005.

[Huges 86] G.F. Huges. On the mean accuracy of statistical patternn recognizer. IEEE Transactions on Information Theory, 14(1) :5563, 1986.

[Hyvarinen et al. 00] A. Hyvarinen et E. Oja Independent component analysis : algorithms and applications. Neural Networks, 13:411–430, 2000.

[Hyvarinen et al. 97] A. Hyvarinen and E. Oja, A fast fixed-point for independent component analysis, Neural Comput., vol. 9, no. 7, pp. 1483–1492, 1997.

[Ishigami et al. 95-1]   H. Ishigami, T. Fukuda, T. Shibita and F. Arai, **Structure optimization of fuzzy neural network by genetic algorithm,** Fuzzy Sets and Systems, 71(1995) 257-264, 1995.

[Ishigami et al. 95-2]   Ishigami Y., Osman, M., Nakahara, H., Sano, Y., Ishiguro, R. & Matsumo, M **Significance of β-sheet formation for micellization and surface adsorption of surfactin.** Colloids Surf. B: Biointerfaces. 4, 341-348, 1995.

[J. Herault et al. 91]   J. Herault and C. Jutten, **Blind separation of sources, part i : An adaptive algorithm based on neuromimetic architecture,** Signal Processing 24(1991), 1-10, 1991.

[Jain et al. 82]   A.K. Jain and B. Chandrasekaran. **Dimentionality and sample size considerations in pattern recognition practice.** Pattern recognition practice, Handbook of Statistics, North-Holland, 2, 1982.

[Jauffret 01]   Jauffret S. **Validation et comparaison de divers indicateurs des changements à long terme dans les écosystèmes méditerranéens arides, application au suivi de la désertification dans le sud tunisien,** Thèse d'écologie, Université d'Aix-Marseille, 328 p, 2001.

[Jia 96]   X. Jia. **Classification techniques for Hyperspectral Remote sensing Image Data.** PhD thesis, Electrical engineering Department, University of Canberra, Australia, 1996.

[Jia et al. 99]   X. Jia and J.A. Richards. **Segmented principal components transformation for efficient hyperspectral remote-sensing image display and classification.** IEEE Transactions on GeoScience and Remote Sensing, 37 :538543, 1999.

[Kawakami et al. 84]   H. Kawakami and Y. Saito. **Landslide risk mapping by a quantification method.** Proceeding of 4th. International Symposium on Landslides, 2 :535–540, 1984

[Keranen et al. 02]   P. Keranen, A. Kaarna, and P. Toivanen. **Spectral similarity measures for classification in lossy compression of hyperspectral images.** International Symposium on Remote Sensing,, 9 :285296, 2002.

[Kox et al. 06]   Kox et al. **Effects of the neural network s-sigmoid function on KDD in the presence of imprecise data,** Elsevier Science, pages 3136-3149, V 33, I 11, 2006.

[Kruse et al. 93-1]   F. Kruse, A. Lefkoff, J. Boardman, K. Heiderbrecht, P.J. Shapiro, A.F.H. Goetz, **The spectral image processing system - interactive visualisation and analysis of imaging spectrometer data,** Remote Sensing of Environment, vol. 44, n° 2-3, p. 145-163, 1993.

[Kruse et al. 93-2]   F. A. Kruse, A. B. Lefkoff, and J. B. Dietz, **Expert system based mineral mapping in northern Death Valley, California/Nevada using the AVIRIS,** Remote Sens. Environ., vol. 44, pp. 309–335, 1993.

[Kurse 2000]   F. Kurse. **Introduction to hyperspectral data analysis.** IGARSS Tutorial, Honolulu, HI, USA, 2000.

[Landgrebe 99]   D. Landgrebe. **Some fundamentals and methods for hyperspectral image data analysis.** SPIE Int. Symp. On Biomedical Optics, San Jose CA, Chapitre 9 :104–113, 1999.

[Largouet et al. 00] Largouet C. et Cordier M. **Timed Automata Model to Improve the Classification of a Sequence of Images.** ECAI'2000, European Conference on Artificial Intelligence, Berlin, Allemagne, pp. 156-160, 2000.

[Le Ber et al. 02] F. Le Ber, A. Napoli. **The design of an object-based system for representing and classifying spatial structures and relations,** Journal of Universal Computer Science, 2002.

[Lee 90] Lee, C.C. **Fuzzy logic in control systems: Fuzzy logic controller, part ii.** IEEE Transactions on Systems, Man. and Cybernetics 20(2), 419–435, 1990.

[Lee et al. 90] J .Lee, S. Woodyatt, and M. Berman. **Enhancement of high spectral resolution remote sensing data by a noise-adjusted principal component transform.** IEEE Transactions on Geoscience and Remote Sensing, 28, no3 :295–304, 1990.

[Lennon 02] M. Lennon. **Méthodes d'analyse d'images hyperspectrales. Exploitation du capteur aéroporté CASI pour des applications de cartographie agro-environnementale en Bretagne.** PhD thesis, ENST-Bretagne, Brest, 2002.

[Leung et al. 07] Leung, C. T., and Siu, W. C., **A general contrast function based blind source separation method for convolutively mixed independent sources,** Signal Processing, Elsevier, 87, pp. 107–123, 2007.

[Lhomme et al. 04] S. Lhomme, C. Weber, et D-C. He, **L'extraction du bâti à partir d'images satellitaires T.H.R.S.** Revue Internationale de Géomatique, vol. 14, n° 3-4, pp. 465-484, 2004.

[Lhomme 05] S. Lhomme. **Identification du bâti à partir d'images satellitaires à THR spatiales.** Rapport de thèse, Université Louis Pasteur I, Strasbourg, pp. 150-196, 2005.

[Lillesand et al. 94] T. Lillesand and R. Kiffer. **Remote Sensing and Image Interpretation.** John Wiley and Sons Inc., Third Edition, 1994.

[Lin et al. 91] C.T. Lin and C.S.G. Lee, **Neural Network based Fuzzy Logic Control and Decision System,** IEEE Transactions on Comput. (40(12): pp. 1320–1336, 1991.

[Lin et al. 97] C.J. Lin and C.T. Lin. **An art-based fuzzy adaptive learning control network.** IEEE Transactions on Fuzzy Systems, 5 :477–496, 1997

[Lin 96] Lin JS, Hou Y and Jouvet M **Potential brain targets for amphetamine methylphenidate and modafinil induced wakefulness, evidenced by c-fos immunocytochemistry in cats.** P.N.A.S. 93, 14128-14133,1996.

[M'Timet 99] A. M'Timet. **Contribution de l'étude pédologique des limons des Matmatas.** PhD thesis, Université Pierre et Marie Curie, Paris, 1999.

[Mahdaoui et al. 09] R. Mahdaoui , H. Mouss, O. Chouhal, O. Kadri et H. Houassi, **La Surveillance Industriel Dynamique par les Systèmes Neuro-Flous Temporels : Application à un système de Production,** Laboratoire d'Automatique et productique, Algérie, 2009.

[Mahdaoui et al. 07] R.Mahdaoui H.L Mouss, **Diagnostic Industriel par Neuro-Floue Application à Un Système de Production,** 4th International Conference on Computer Integrated Manufacturing CIP'2007, 03-04 2007.

[Mamdani et al. 75] E. H. Mamdani and S. Assilian. **An experiment in linguistic synthesis with a fuzzy logic controller.** International journal of Man-Machine Studies, 7 :1.13, 1975.

[Marangoz et al. 04] A.M Marangoz, M. Oruc, and G.Buyuksalih. **Object-oriented image analysis and semantic network for extracting the roads and buildings from ikonos pan-sharpened images.** PS WG, III/4 :18–23, 2004.

[Marr et al. 80] D. Marr and E.Hildreth. **Theory of edge detection.** Proceedings of the Royal Society London, pages 187–217, 1980.

[McDonnell et al. 98] P.A Burrough and R.A McDonnell. **Principals of Geographical Information Systems.** Oxford University Press, 1998.

[Melgani et al. 02] F. Melgani and L. Bruzzone. **Support vector machines for classification of hyperspectral remote sensing images.** IGARSS, 2002.

[Mercier et al. 03] G.Mercier and M. Lennon. **Support vector machines for hyperspectral image classification with spectral-based kernels.** IGARSS, Toulouse, France, 2003.

[Mitianoudis et al. 07] N. Mitianoudis and T. Stathaki. **Pixel-based and region-based image fusion schemes using ica bases.** Information Fusion, 8(2) :131142, 2007.

[Mohammadpour et al. 04] A. Mohammadpour, A. Djafari, and O. Féron. **Bayesian segmentation of hyperspectral images.** 24th International Workshopon Bayesian Inference and Maximum Entropy Methods in Science and Engineering, Graching, Germany, 735:541548, 2004.

[Nauck et al. 99] D. Nauck and R.Kruse. **Neuro-fuzzy systems for function approximation.** Fuzzy Sets and Systems, pages 261–271, 1999.

[Nozaki et al. 96] Nozaki, K., Ishibuchi, H. and Tanaka, H. **Adaptive fuzzy rule-based classification systems,** IEEE Transactions on Fuzzy Systems 4(3): 238–250, 1996.

[Onana et al. 08] V.P. Onana, J.P. Rudant, E. Trouvé, G. Mauris, N.T. Laporte, and W. Walker. **A flood hazard risk assessment map in growing urban areas by integrating remote sensing and dem data.** IEEE IGRS Symposium, IGARSS, Boston, Massachusetts, U.S.A, 2008.

[PAP/CAR 98] **Directives pour la cartographie et la mesure des processus d'érosion hydrique dans les zones côtières méditerranéennes,** Centre d'activités régionales pour le Programme d'actions prioritaires, en collaboration avec la FAO, xii+72 p, 1998.

[Parra et al. 00] L. Parra, K.R. Mueller, C. Spence, A. Ziehe, and P. Sajda. **Unmixing hyperspectral data.** Advances in Neural Information Processing Systems, 12 :942948, 2000.

[Pearl 88] J. Pearl. **Probabilistic Reasoning in Intelligent Systems.** Morgan Kaufmann, 1988.

[Pearlman et al. 99] J. Pearlman, M. Folkman, L. Liao and P. Jarecke **EO-1 Hyperion hyperspectral imager design, development, characterization, and calibration** SPIE 2000.

[Pedrycz 94] Witold Pedrycz. **Why triangular membership functions ?** Fuzzy sets and Systems, 64 (1) :21.30, 1994.

[Peery 88] Perry E., Warner T. et Foote P. **Comparison of atmospheric modelling versus empirical line fitting for mosaicking hydice imagery.** International Journal of remote Sensing, vol. 21, no. 4, pp: 799-803, 2000.

[Pontius et al. 08] J.R. Pontius, G. Robert, and M. Millones. **Problems and solutions for kappa-based indices of agreement.** Conferenc proceedings of Studying, Modeling and Sense Making of Planet Earth. Mytilene, Greece, page 8, 2008.

[Price et al. 95] J.C. Price, M. Steven, B. Andrieu, and K. Jaggard. **Exemple of hight resolution visible to near-infrared reflectence sand a standadized collection for remote sensing studies.** International Journal of Remote Sensing, 16 :9931000, 1995.

[Ratto et al. 96] M. Ratto, G. Lodi, and P. Costa. **Sensivity analysis of a fixed bed gas-solid tsa : the problem of design with uncertain models.** Technol, 6 :235-245, 1996.

[Roberts et al. 98] Roberts, D. A., Batista, G. T., Pereira, J. L. G., Waller, E. K. & Nelson, B.. **Change identification using multitemporal spectral mixture analysis: applications in eastern Amazonia** In Remote Sensing Change Detection, pp. 137.161, 1998.

[Roger 93] J. S. Roger Jang **Anfis :Adaptive-network-based fuzzy inference system,** Systems, Man and Cybernetics, IEEE Transactions on , Vol: 23, Issue:3, p 665 - 685, 1993.

[Rosenberger et al. 00] Ch. Rosenberger and K. Chehdi. **Unsupervised clustering method with optimal estimation of the number of clusters : Application to image segmentation.** International Conference on Pattern Recognition, Barcelona, Spain, 2000.

[Rosenblatt 58] F. Rosenblatt, **The Perceptron: A Probabilistic Model for Information Storage and Organization in the Brain** Cornell Aeronautical Laboratory, Psychological Review, v65, No. 6, p 386–408, 1958.

[Rui et al. 95] Y. Rui and A.A. El-Keib. **A review of ann-based short-term load forecasting models,** 1995.

[Rumelhart et al. 86] Rumelhart, D. E., Hinton, G. E., Williams, R. J. **Learning internal representations by error propagation,** Cambridge, MA: MIT Press., Vol.2, p. 7-57, 1986.

[Sandakly 95] F. Sandakly. **Contribution à la mise en oeuvre dune architecture à base de connaissances pour linterprétation des scènes 2D et 3D.** PhD thesis, Thèse de doctorat en sciences, Universités de Nice-Sophia Antipolis, 1995.

[Sastry et al. 94] Sastry, P.S., G. Santharam et K.P. Unnikrishnan **Memory neuron networks for identification and control of dynamical systems.** IEEE Transactions on Neural Networks 5(2), 306–319, 1994.

[Schalkoff 89] R.J Schalkoff. **Digital Image Processing and Computer Vision.** John Wiley Sons, New York, 1989.

[Selleron et al. 03] G. Selleron and T. Mezzadri. **Télédétection et logique floue : diagnostic et prospections temporelles de la déforestation sur un front pionnier tropical.** Société Française de Photogrammétrie et Télédétection, 167 :4–15, 2003.

[Senseman et al. 95] G.M. Senseman, C.F. Bagely et Tweddale S.A. : **Accuracy assessment of the discrete classification of remotely sensed digital data for lancover mapping.** Rapport technique, USACERL, 1995.

[Settle 96] Settle, J.J., **On the relationship between spectral unmixing and subspace projection,** IEEE Trans on Geoscience and Remote Sensing, 34, p. 1045-1046, 1996.

[Settle et al. 93] Settle, J.J. and Drake, N.A. (1993) **Linear mixing and estimation of ground cover proportions.** International Journal of Remote Sensing, vol. 14 , no 6, p. 1159-1177, 1993.

[Shafer 76] G. Shafer, **A Mathematical Theory of Evidence,** Princeton University Press, 1976.

[Slater et al. 01] D. Slater and G. Healey. **Physics-based models acquisition and identification in airborne spectral images.** IEEE Transactions On Geosience and Remote Sensing, page 257262, 2001.

[Slater et al. 99] D. Slater and G. Healey. **Material mapping for 3d objects in arial hyperspectral images.** Int. Symp. on Aerospace/Defense Sensing Simulation and Controls, Orlando, 1999.

[Smeulders et al. 00] A.W.M. Smeulders, M. Worring, S.Santini, A.Gupta, and R. Jain. **Content-based image retrieval at the end of the early years.** IEEE Transactions on Pattern Analysis and Machine Intelligence, 22, no12 :1349–1380, 2000.

[Song et al. 01] Songhe, Woodcock Curtis E., Seto Karen C., Lenney Mary Pax, and Macomber Scott A. **Classification and Change Detection Using Landsat TM Data: When and How to Correct Atmospheric Effects?** *Remote Sensing Environment, vol 75 pp:230-244.* 2001.

[Staenz 92] K. Staenz. **A decade of imaging spectrometry in canada.** Canadian Journal of Remote Sensing, 18, no 4 :187–197, 1992.

[Starck et al. 98] J.-L. Starck, F. Murtagh, and A. Bijaoui, **Image Processing and Data Analysis : The Multiscale Approach,** Cambridge University Press, 1998.

[Stokman et al. 99] H. Stokman and T. Gevers. **Detection and classification of hyperspectral edges.** The Tenth British Machine Vision Conference, Nottingham, 1999.

[Suen et al. 01] P.H. Suen, G. Healey, and D. Slater. **The impact of viewing geometry on material discriminability in hyperspectral images.** IEEE Trans. On Geosience and Remote Sensing, 39(7) :438443, 2001.

[Sugeno 74] M. Sugeno. **Theory of fuzzy integrals and its applications.** PhD thesis, Tokyo Institute of Technology, 1974.

[Sugeno et al. 85] T. Takagi and M. Sugeno. **Fuzzy identification of systems and its applications to modelling and control.** IEEE Transactions, 15 :116.132, 1985.

[Swain et al. 78] P.H. Swain and S.M. Davis. **Remote Sensing : the quantative approach.** McGraw-Hill International Book company, 1978.

128

[Tanré 90] Tanré D., Deroo C., Duhaut P., Herman M., Morcette J. –J., Perbos J. et Deschamps P. **Description of computer code to simulate the satellite signal in the solar spectrum :** the 5s code, International Journal of Remote Sensing, vol. 11, no. 4, pp: 659-668, 1990.

[T.N.E Greville et al., 03] T.N.E. Greville and A. B. Israel, **Generalized Inverses: Theory and Applications, (2nd ed.),** New-York, Springer, 2003.

[Tomsovic et al. 00] K.Tomsovic and M.Y. Chow. **Tutorial on fuzzy logic applications in power systems.** IEEE-PES Winter Meeting in Singapore, 2000.

[Tooke et al. 08] T.R. Tooke, N. C. Coops, N.R. Goodwin, and J.A. Voogt. **Extracting urban vegetation characteristics using spectral mixture analysis and decision tree classifications.** Remote Sensing of Environment, In Press, Corrected Proof, 2008.

[Tryon et al. 70] R.C. Tryon and D.E. Bailey. **Cluster Analysis.** McGraw-Hill International Book company, 1970.

[Turner et al. 95] B.L. Turner, W. C. Clark, R. W. Kates, J. F. Richards and W. B. Meyers. **The earth as transformed by human action.** Cambridge University Press, New York, 1995.

[USGS 00] USGS. **Usgs spectroscopy lab documentations,** 2000.

[Van 99] Van Der Meer, F. **Imaging Spectrometry for Geological Remote Sensing,** Geologie en Mijnbouw, 77, 137 – 151, 1999.

[Van Ryzin 97] J. Van Ryzin. **Clasification and Clustering.** Academic, N.Y., 1997.

[Verbeiren et al. 08] S. Verbeiren, H. Eerens, and J. V. Orshoven. **Sub-pixel classification of spot-vegetation time series for the assessment of regional crop areas in Belgium.** I. J. of Applied Earth Observation and Geoinformation, 10, Issue 4 :486–497, 2008.

[Wang et al. 06] L. Wang, Y. Zhang et J. Li, **BP Neural Network Based SubPixel Mapping Method,** Springer Verlag Berlin Heidelberg 2006,ICIC 2006, LNCIS 345, pp 755-760, 2006.

[Wang et al. 06] J. Wang and C.-I Chang. **Applications of independent component analysis in endmember extraction and abundance quantification for hyperspectral imagery.** IEEE Transactions on Geoscience and Remote Sensing, 44, no.9, 2006.

[Wang et al. 06-2] C.H. Wang, C.H. Kao, and W.H. Lee. **A new interactive model for improving the learning performance of back propagation neural network,** 2006.

[Wang et al. 94] L. Wang and J. Mendel. **Generation fuzzy rules by learning from examples.** IEEE transactions on systems, 23 :1414–1427, 1994.

[Wang et al. 96] Wang, L. et R. Langari **Complex systems modeling via fuzzy logic.** IEEE Transactions On Systems, Man, And Cybernetics-Part B: Cybernetics 26(1), 100–106, 1996.

[Ward et al. 00] D. Ward and A.T. Murray. **Monitoring growth in rapidly urbanizing areas using remotely sensed data.** Professional Geographer, 52 :371–386, 2000.

[Xin et al. 07] T. Xin, F. Wenjie, and X. Xiru. **Blind separation of component information from mixed pixels in hyperspectral imagery.** IEEE Transactions on Geoscience and Remote Sensing Symposium, IGARSS, 23, Issue 28 :3215 – 3218, 2007.

[Yam et al. 00] Y.F. Yam and W.S. Chow. **A weight initialization method for improving trainingspeed in feed forward neural network**, 2000.

[Yue et al. 06] X. Yue-qing, P. Jian, , and S. Xiao-mei. **Assessment of soil erosion using rule and GIS: a case study of the maotiao river watershed, guizhou province, china.** Environmental Geology, Springer Berlin / Heidelberg, 2006.

[Yuhas et al. 92] R.H. Yuhas, A.F.H. Goetz, and J.W. Boardman. **Discrimination among semi-arid landscape endmembers using the spectral angle mapper (SAM) algorithm.** Summaries of the Third Annual JPL Airborne Geoscience Workshop, 92-14 :147149, 1992.

[Zadeh 65] L. A. Zadeh. Fuzzy sets. **Information and Control,** 8:338{353, 1965.[ZARZOSO et al. 05] V. ZARZOSO, P. COMON, **Block Deflation ICA Algorithms** rapport de recherches, Laboratoire I3S, pp 5-6, 2005.

[Zhang et al. 02] X. Zhang and C.H. Chen. **New ICA method using higher order statistics with applications toremote sensing images.** Optical Engineering, 41 :17171728, 2002.

[Zhang et al. 04] J. Zhang and A. Sanchez **Derivative Spectral Unmixing of Hyperspectral Data Applied to Mixtures of Lichen and Rock** IEEE TGRS, 42(9), 1934-1940, 2004.

[Zhao et al. 02] Zhao, Jin, and Bose, **Evaluation of membership functions for fuzzy logic controlled induction motor drive** , IEEE Transactions on Power Electronics, pp. 229-234, 2002.

Annexes

Annexe A : Etude comparative de méthodes de correction atmosphérique des images satellitales.

A.1 Introduction

En tirer l'information des données d'observation de la surface terrestre requiert l'établissement des corrections atmosphérique des données de luminance reçu et mesurés au sommet de l'atmosphère. Un des moyens possible est l'usage des codes de transfert radiatif afin de prédire comment la luminance qui quitte la surface sera affectée par les effets de diffraction et d'absorption au niveau du capteur. A travers la bibliographie, on distingue trois générations relatives à la correction atmosphérique des images en réflectance. On cite :

- Les méthodes basées sur l'image « Image Based » dont ils adoptent une simple soustraction des objets sombres [Song et *al.* 01].
- Les procédures basées sur des codes de transfert radiatif ou absolues [Van der Meer, 99] qui permettent de simuler la luminance au capteur par la modélisation des transferts d'énergie soleil-surface-capteur.
- Les procédés empiriques ou relatifs [Van der Meer, 99] dont la correction est basée sur des données de sources extérieures.

A.2 Nécessité de la correction des images en réflectance

Il est absolument nécessaire de convertir les images en une mesure absolue de réflectance dans les cas suivants :

- Extraction des paramètres biophysiques (télédétection quantitative) : les variables biophysiques agissent sur la réflectance de la surface, mesure qui doit être accessible pour estimer ces variables par inversion [Lennon, 02].
- Comparaison avec une librairie spectrale acquise au laboratoire ou sur terrain : ces données de librairie sont des mesures de réflectance qui ne peuvent en aucun cas être comparées aux mesures de luminance [Lennon, 02].
- Etude multi-dates ou multi-sites : une mesure absolue indépendante de la date ou du site d'acquisition est nécessaire à des fins de comparaison objective [Lennon, 02].

A.3 Les méthodes des corrections atmosphériques

A.3.1 Les approches basées sur l'image ou « Image based »

A.3.1.1 L'approche de la soustraction d'objet sombre ou « Dark Object Soustraction (D.O.S) »

La D.O.S est l'une des méthodes la plus simple et d'autant la plus utilisée comme approche basée sr l'image de correction atmosphérique pour la classification et les applications de détection de changement d'occupation des sols [Song et *al.* 01]. Cette approche adopte les hypothèses suivantes :

- l'existence d'objets sombres (réflectance nulle ou assez faible), à travers des scènes LandSat TM [Song et *al.* 01].
- une atmosphère horizontale et homogène.

Ainsi, la valeur du compte numérique minimum observée à travers l'histogramme de la scène entière sera attribuée à l'effet de l'atmosphère et par la suite retranché de tous les pixels [Chavez 89].

Principe :

La relation entre la luminance au niveau du satellite et la réflectance de surface pour une surface uniforme Lambertienne et pour une atmosphère non nuageuse peut être élaboré ainsi [Peer 88].

$$L_{sat} = L_p + \frac{\rho \, F_d T_v}{\Pi \, (1 - s\rho)} \tag{A.3.1}$$

Avec :

L_{sat} = la luminance au niveau du satellite.

L_p = la luminance propre de l'atmosphère (Radiance path).

F_d = l'éclairement reçu en surface.

Tv = la transmittance atmosphérique de la cible vers le capteur.

s = la fraction du rayonnement réfléchi qui sera diffusé par l'atmosphère vers la surface.

ρ = la réflectance de la surface.

On a:

$$F_d = E_b + E_{down} \tag{A.3.2}$$

Avec:

E_{down} = éclairement diffus descendant.

$E_b = E_0 \cos (\theta_z) \, T_z$: éclairement, avec E_0 est la constante solaire exo-atmosphérique, T_z est la transmittance atmosphérique dans la direction d'illumination et θ_z est l'angle solaire zénithale.

Etant donnée que s pourra être négligé l'équation (A.2.1) pourra établi comme suit :

$$\rho = \frac{\pi(L_{sat} - L_p)}{T_v(E_0 \cos(\theta_z)T_z + E_{down})} \qquad (A.3.3)$$

On note, que du fait des effets de diffraction atmosphérique, les objets sombres ou « Dark Object » ne sont pas absolument sombre [Chavez 89]. En adoptant une réflectance de 1% pour les objets sombres, la luminance propre de l'atmosphère pourra être estimé ainsi :

$L_p = G . DN_{min} + B - 0.01 [E_0 \cos (\theta_0)T_z + E_{down}] T_v$/JI. $\qquad (A.3.4)$

Avec:

G = gain du capteur,

B = bias du capteur,

DN_{min} = Minimum Digital Number ou compte numérique minimale.

La résolution des DOS 1 et 2 étant simple ne requiert pas l'usage d'autres formules pour l'estimation des autres paramètres. Ce qui est le cas des DOS 3 et 4. En effet, dans le premier cas on calcule T_v et T_z en assumant uniquement les effets de la diffusion de Rayleigh uniquement c.a.d sans tenir comptes des effets des aérosols. Afin d'estimer τr ou l'épaisseur optique pour la diffusion de Rayleigh on adopte l'équation suivante [Song et *al.* 01] :

$\tau r = 0.008569 \lambda^{-4} (1+0.0113 \lambda^{-2} + 0.00013 \lambda^{-4})$, avec λ longueur d'onde en µm. $\qquad (A.3.5)$

A.3.1.2 L'approche de végétation sombre et dense (Dense Dark Vegetation)

Ce type d'approche présume l'existence d'une végétation sombre et dense qui peut être utilisées comme des objets sombres pour la bande Bleu de TM1 et rouge de TM3 [Song et *al.* 01].

A.3.1.3 L'approche de végétation sombre et dense modifié (Modified Dense Dark Vegetation : MDDV)

Cette approche a été décrite dans les travaux de Song [Song et *al.* 01]. Elle a été adoptée sur une scène Landsat5 TM.

Principe :

L'approche M.D.D.V a été modifiée en utilisant une « fenêtre fixe » en anglais « Fixed Window ». En adoptant comme hypothèse l'uniformité des conditions atmosphériques au sein d'une scène LandSat TM, le DDV sera identifié pour l'image entière comme il a été décrit au paragraphe précédent. La réflectance moyenne de la végétation sombre et dense de la bande TM7 sera utilisé pour calculer la réflectance moyenne de la végétation sombre et dense des bandes TM1 et TM3 comme décrit dans l'équation (A.3.6) et les pixels correspondant seront utilisés afin d'estimer la réflectance apparente moyenne [Song et *al.* 01].

A.3.1.4 L'approche « Path Radiance : PARA »

Cette technique a été élaborée par Wen [Wen et al. 99] à partir de l'approche D.D.V. Elle admet l'hypothèse de l'existence d'une corrélation linéaire de la réflectance de surface au niveau du sol pour une atmosphère disposée d'une façon homogène et horizontale. En fait, elle se base sur la relation de linéarité de la réflectance apparente au niveau de l'atmosphère pour les bandes du visible et proche infrarouge (VPIR).

Pour les bandes de LandSat TM, on adopte l'équation suivante :

$$\rho_1 = \rho^*_1 + \beta_1 \rho_7 \, , \, \rho_3 = \rho^*_3 + \beta_3 \rho_7 \qquad\qquad (A.3.7)$$

Avec :

β_1 et β_3 représentent les pentes des droites,

ρ^*_1 et ρ^*_3 représentent les réflectances apparentes due à la luminance propre de l'atmosphère de laquelle on calcul l'épaisseur optique des aérosols.

On remarque que ce procédé de correction PARA est similaire à l'approche MDDV à l'exception de l'épaisseur optique des aérosols à 550 nm qui sera estimée par le code 6S basé sur l'équation (A.3.7).

A.3.2 La correction absolue ou par modèle de transfert radiatif

Ce type de modèle permet de prédire la luminance à une altitude donnée à partir de la réflectance de la surface par modélisation des phénomènes atmosphériques. Plusieurs modèles ont été développés au cours des dernières décennies et sont disponibles dans la littérature. Ils requièrent un grand nombre de paramètres d'entrées descriptifs des conditions de prise de vue, des conditions atmosphériques et de la réflectance de la cible ainsi que de l'environnement.

A.3.2.1 Fonctionnement des modèles

Les modèles de transfert radiatif permettent de simuler la luminance au capteur par modélisation des transferts d'énergie soleil-surface-capteur. Parmi les modèles les plus utilisés, nous citons Modtran [Berk et al. 98] et 5S [Tanré et al. 90]. Ils diffèrent essentiellement par la résolution spectrale des grandeurs disponibles en sortie du code et la possibilité de modulation de la distance surface-capteur.

Les paramètres d'entrée nécessaires au fonctionnement de ces modèles peuvent être regroupés en quatre catégories :

- Réflectance
  - o Cible
  - o Environnement (ou type d'environnement)
- Atmosphère
  - o Gaz
    -Modèle atmosphérique (tropical, latitude moyenne été-hiver, sub-arctique été-hiver)
    -Contenu en vapeur d'eau
    -Eventuel paramètres supplémentaires (colonne d'ozone...)
  - o Aérosols
    -Modèle d'aérosols (continental, maritime, urbain, désertique)
    -Epaisseur optique des aérosols ou visibilité optique
- Géométrie
  - o Solaire
    -Date / heure d'acquisition
    -Latitude / longitude de l'acquisition
  - o Prise de vue
  - o Altitude capteur et terrain
- Caractéristiques spectrales des sorties du modèle
  - o Résolution spectrale de la sortie du modèle
  - o Nombre de bandes spectrales, longueurs d'onde centrales, résolutions.

A.3.2.2 Estimation des paramètres à partir des données de sources extérieures

La procédure classique consistant à mesurer ω et τ_a sur terrain, conjointement à l'acquisition des images par le biais d'instruments appropriés (radio-sondage, photomètre solaire, spectroradiomètre de terrain munis d'un récepteur cosinus d'éclairement solaire) ou par le recours aux données météorologiques en cas de présence d'une station à proximité de la scène. Le paramètre z est quant à lui estimer par l'évaluation de l'altitude moyenne de la scène à partir de données géographiques (carte topographique, MNT). Il est également possible d'estimer les paramètres ω et τ_a grâce à des mesures de réflectance sur cibles de références effectuées avec un spectroradiomètre de terrain. Un des deux paramètres est fixé (mesuré ou estimé d'une façon raisonnable), la réflectance de la cible est également fixée grâce à la mesure de terrain. Le modèle de transfert radiatif est utilisé itérativement en faisant varier le second paramètre que l'on cherche à estimer jusqu'à ce que la luminance simulée soit égale à la luminance mesurée par le capteur sur la cible de référence.

A.3.2.3 Estimation des paramètres à partir des données images

Cette approche ne concerne que les données de télédétection hyperspectrale. Ceci grâce à la haute résolution spectrale et l'échantillonnage contigu du spectre électromagnétique. La tendance actuelle consiste à estimer les trois paramètres ω, τ_a et z directement à partir des données images.

A.3.3 Les méthodes empiriques ou relatives

A.3.3.1 La méthode la ligne empirique

C'est une méthode qui se base sur la ligne empirique [Lennon 02]. Elle propose d'estimer les paramètres a (λ) et b (λ) de la transformation affine inverse par régression linéaire entre spectres de réflectance acquis sur le terrain et spectres de luminance extrais de l'image sur des cibles de références pour chaque longueur d'onde. Les spectres acquis sur terrain doivent être rééchantillonnées à la configuration spectrale du capteur. Elle nécessite la connaissance du spectre de réflectance d'au moins deux cibles sur terrains localisables sur l'image, l'une sombre et l'autre claire sur toute la gamme spectrale afin de minimiser l'erreur d'estimation des deux paramètres (figure A.1)

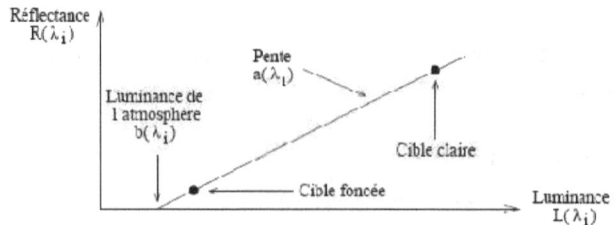

Figure A.1 : Méthode de la ligne empirique [Lennon, 02].

Ces cibles sont admises comme étant stable d'où l'appellation de pseudo-invariants [Song et *al.* 01]. On note, que l'utilisation de plus de deux cibles est toutefois préférable et permet encore de réduire l'erreur de correction. Les pseudo-invariants sombres typiquement utilisable sur terrain comprennent l'asphalte, le goudron, l'eau, voire la végétation dense. Les cibles claires typiques comprennent le sable et le béton [Lennon, 02]. Des cibles artificielles (bâches, draps, moquettes...). En plus, les cibles doivent être de taille suffisante pour couvrir totalement plusieurs pixels qui seront moyennés pour augmenter le rapport signal bruit. Les spectres de réflectance doivent aussi être acquis sur le terrain en nombre suffisant et de façon à couvrir l'ensemble de la zone homogène. Ils seront également moyennés pour augmenter le rapport signal sur bruit.

Ainsi, les spectres de réflectance des pseudo-invariants mesurés sur terrain et réciproquement leur spectre en luminances (tableau A.1) permettent de reconstituer les coefficients de corrélations ainsi que les droites de régression pour chaque bande (tableau A.2).

Point	X	Y	Cible	Canal i		....	Canal n	
				Luminance	*R (%)*	*Luminance*	*R (%)*	*Luminance*	*R (%)*
1								
...								
...								

Tableau.A.1 : Tableau à adopter pour les campagnes spectroradiométriques.

Canal	Coefficient de corrélation	Droites de régression
Image A		
Canal i	Coefficient i	$Y = a_i*x + b_i$
....	....	....
....	....	....

Tableau.A.2 : Reconstitution des coefficients de corrélations et des droites de régressions

A.3.3.2 La correction à partir des données images

Si aucune connaissance extérieure dont essentiellement les paramètres atmosphériques et de spectroscopie de terrain n'est disponible pour les images acquises et ainsi de même quant aux paramètres nécessaires à la correction par modèle de transfert radiatif, il s'avère que certains nombres de méthodes de correction empiriques peuvent être utilisés.

Enfin, on signale une dernière méthode de correction empirique par démixage spectral. Elle prend l'hypothèse que les spectres de luminance corrigés peuvent être modélisés par une somme pondérée des spectres de réflectance des composantes de la scène :

$$a(\lambda)L_i(\lambda) + b(\lambda) = \sum_{j=1}^{N} F_{ji}R_j(\lambda) + e(\lambda) \quad i = 1, ..., N \quad \text{avec} \quad \sum_{j=1}^{N} F_{ji} = 1$$

avec :
- a, b : paramètres de la transformation affine inverse de correction
- L_i : spectre de luminance
- R_j : spectre de réflectance
- N : nombre de spectres
- F_{ji} : proportion de R_j dans L_i
- e : erreur sur le modèle

Les spectres de luminances les plus représentatifs de la variabilité spectrale de la scène (paramètres L_i et N) sont déterminés par une méthode d'identification aveugle sur l'image originale. Les spectres de réflectances R_j sont déterminés grâce aux spectres de luminance L_i prédéterminés par mesure de distance avec les composantes d'une librairie spectrale. Les paramètres a, b et les proportions F_{ji} étant inconnues, le modèle conduit à un système contenant plus d'inconnues que d'équations. Sa résolution est itérative et comprend deux étapes : dans la première étape on prend l'hypothèse que les spectres de luminance sont entièrement composés des spectres de réflectance correspondants, ce qui permet de fixer F_{ji} ($F_{ji} = 1$ pour $j = i$, $F_{ji} = 0$ pour j # i). Les paramètres a (λ) et b (λ) sont alors estimés sur chaque bande grâce à une résolution par moindres carrées du modèle présenté ci dessus. Ces paramètres seront réintroduits dans la première étape. Le processus en deux étapes sera itéré jusqu'à minimisation de l'erreur sur le modèle. Les paramètres a (λ) et b (λ) déterminés s'appliqueront par la suite sur l'image de luminance à corrigé [Lennon, 02].

Annexe B : Les systèmes d'inférence flous / neuro-flous

B.1 Le système Neuro-flou pour l'interprétation des IHS

B.1.1 Introduction et objectif

L'utilisation conjointe des réseaux de neurones (RN) et des systèmes flous (SF) semble être une piste prometteuse pour l'interprétation des IHS. Cette approche exploite dans une même architecture, d'une part, la capacité des RN à apprendre, et d'autre part, la souplesse des SF à traduire les connaissances linguistiques de l'expert pour produire une information précise et interprétable. L'objectif de ce paragraphe étant, de présenter les caractéristiques de chacune d'elles pour souligner leur caractère complémentaire, d'où l'utilité de la technique résultant de leur hybridation : le système Neuro-flou.

B.1.2 Réseaux de neurones artificiels

B.1.2.1 Définition et modélisation d'un neurone artificiel

Un neurone artificiel (NA) est un automate très simple imitant grossièrement la structure et le fonctionnement d'un neurone biologique. Un NA est modélisé comme une unité de calcul simple connecté à d'autres unités semblables, effectuant une somme pondérée de ses entrées suivie d'une fonction d'activation (ou de transfert) comme indiqué à la figure B.1 [Rumelhart 86]. Un NA est rarement utilisé seul pour répondre à un problème donné. Ces NA sont organisés en réseaux qui constituent une famille de fonctions non linéaires paramétrées, que l'on met en œuvre pour des tâches de modélisation, de prédiction, et de classification et le choix d'une topologie particulière dépend de l'application ciblée.

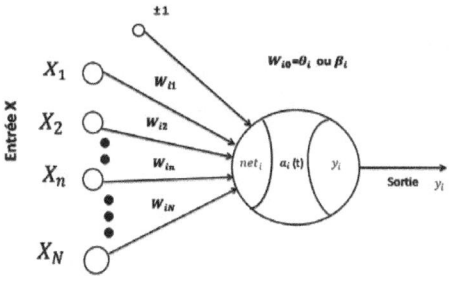

Figure B.1 : Modèle de base d'un neurone formel

Où: X_n représente l'entrée n connectée au neurone i.

β_i le seuil interne du neurone.

w_{ij} désigne le poids de la connexion reliant l'entrée j au neurone i.

$y_i = \alpha(t)$ est la sortie du neurone et α sa fonction d'activation.

Les topologies résultantes sont souvent réparties en deux grands catégories à savoir : les réseaux de neurones non bouclés qui importants pour la suite de notre travail et les réseaux de neurones récurrent ou bouclés [Burns 01].

B.1.2.2 Réseaux en cascade (non bouclés)

Pour ce type de topologies, la propagation de l'information se fait à sens unique de l'entrée vers la sortie. Les connexions sont établies d'une couche donnée vers la suivante. Le Perceptron multicouches est le type de topologie le plus utilisé. Il constitue une solution efficace pour modéliser des systèmes complexes. Les neurones composant ce réseau s'organisent en plusieurs couches dont le nombre est au minimum égal à 3. La figure B.2 présente un perceptron à trois couches, la première est appelée couche d'entrée dont l'activation de ses neurones est forcée à la valeur d'entrée. La dernière couche est appelée couche de sortie et regroupe les neurones dont les fonctions d'activation sont souvent de type linéaire. Les couches intermédiaires sont appelées couches cachées et représente le noyau du système avec des fonctions d'activation de type sigmoïde.

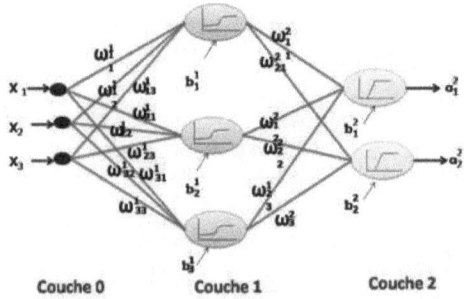

Couche 0   Couche 1   Couche 2

Figure B.2 – Réseau de neurone non bouclé

b_i^1 et ω_{ij}^1 sont respectivement le biais du neurone i de la couche l et le poids de connexion entre le neurone j de la couche $l-1$ et le neurone i de la couche l.

La sortie du neurone i dans la couche l peut être écrite par :

$$U_i^1 = \sum_j^{N_{l-1}} \omega_{ij}^1 * O_j^{l-1} + b_i^1 \qquad (B.5)$$

$$O_i^1 = g^1(U_i^1) \qquad (B.6)$$

$$l = 1,2$$

Où $g^l(.)$ est la fonction d'activation des neurones de la couche l.

L'écriture matricielle de (B.5) et (B.6) sera donc :

$$U^1 = W^1 * O^{l-1} + b^1 \qquad (B.7)$$

$$O^1 = g^1(U^1) \qquad (B.8)$$

Avec

$$U^1 = (U_1^1, U_2^1, \dots, U_{N1}^1)^T$$

$$O^1 = (O_1^1, O_2^1, \dots, O_{N1}^1)^T$$

$$b^1 = (b_1^1, b_2^1, \dots, b_{N1}^1$$

$$W^1 = \begin{pmatrix} \omega_{11}^1 & \cdots & \omega_{1N_{l-1}}^1 \\ \vdots & \ddots & \vdots \\ \omega_{N_11}^1 & \cdots & \omega_{N_1N_{l-1}}^1 \end{pmatrix}$$

B.1.2.3 Réseaux récurrents (bouclé)

Un réseau récurrent est similaire à un réseau multicouche muni de rétroactions. Cette dernière peut exister entre tous les neurones du réseau, ou bien entre certains neurones. La figure B.3 présente un exemple de réseau récurrent avec des unités mémoire [Sastry et al. 94].

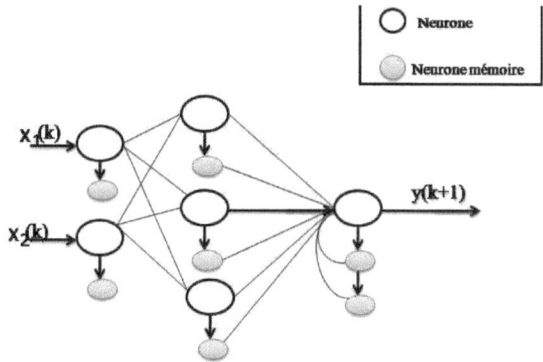

Figure B.3 – Réseau de neurone récurrent avec des unités mémoires

Il est à noter que ce type de connexions, dont les valeurs dépendent des activations passées des unités du réseau, est bien adapté au traitement des problèmes intégrant l'aspect temporel avec un apprentissage généralement assez complexe.

B.1.2.4 Apprentissage dans les réseaux de neurones

Quand une architecture est sélectionnée pour un réseau de neurones, alors on se demande: «Comment peut-on choisir le poids de connexion et ses biais de sorte que le réseau peut assurer une tâche particulière ? »

Pour répondre à cette question [Haykin 94] propose de définir l'apprentissage comme un processus par lequel les paramètres d'un réseau de neurones (poids et biais) seront ajustés itérativement à travers un processus continu de stimulation par l'environnement dans lequel le réseau est intégré. Ce processus d'apprentissage est, généralement, réalisé à partir d'un ensemble d'entrées/sorties, qui représente le comportement du système ou du processus en question.

Il existe de nombreuses méthodes intéressantes pour l'apprentissage d'un réseau de neurones. Toutes ces méthodes partagent le même objectif, celui d'ajuster les paramètres des réseaux de neurones en cherchant à minimiser une fonction de coût, mais qui se différencies par la manière dont les changements de paramètres ont eu lieu. Ces méthodes peuvent être réparties en deux grandes catégories: l'apprentissage supervisé et l'apprentissage non supervisé.

B.1.2.5 Apprentissage non-supervisé

En apprentissage non supervisé, les poids et les biais sont modifiés seulement en réponse aux intrants du réseau. Il n'y a pas d'entrées cibles disponibles. La plupart de ces algorithmes effectuent une sorte d'opération de regroupement. Ils apprennent à classer les modèles d'entrée en un nombre de classes fini.

B.1.2.6 Apprentissage supervisé

Dans l'apprentissage supervisé, la règle d'apprentissage est fournie avec une série d'exemples (l'ensemble d'apprentissage) du comportement du réseau propre :

$$\{x_1, d_1\}, \{x_2, d_2\}, \dots \{x_q, d_q\}$$

Où x_q est un apport au réseau, et d_q est la cible de sortie correspondant. Comme les entrées sont appliquées au réseau, les sorties du réseau sont comparés aux résultats cible. La règle d'apprentissage est ensuite utilisée pour ajuster les poids et les biais du réseau afin de déplacer les sortis des réseaux plus proche de la sortie cible. Une des plus puissantes techniques d'apprentissage supervisé est l'algorithme de rétropropagation qui est aussi, le plus connu pour réaliser l'adaptation des réseaux multicouche. Nous proposons de présenter cette technique dans le paragraphe suivant.

B.1.2.7 Technique de rétropropagation par descente de gradient

Cet algorithme d'apprentissage se base sur des critères d'optimisation non linéaire, qui cherche à minimiser une fonction de coût. Cette dernière représente l'écart entre les réponses réelles du réseau et ses réponses désirées. L'objectif, comme nous l'avons annoncé dans le paragraphe précédent, est de modifier les poids du réseau dans le sens contraire du gradient du critère de performance. Dans ce qui suit, nous détaillons cet algorithme dans le cas d'un réseau multicouche.

Etant donné un couple entrée/sortie de la base d'apprentissage qui se présente en input du réseau, le critère à optimiser par erreur quadratique moyenne peut être exprimé par :

$$j(t) = 1/2 * \sum_{i=1}^{N_L} (O_i^L(t) - d_i(t))^2 \qquad (B.9)$$

Avec :

$j(t)$ est la valeur du critère à l'instant t.

$d_i(t)$ est la ième sortie désirée à l'instant t.

$O_i^L(t)$ est la ième sortie calculée à l'instant t

Les paramètres du réseau sont modifiés suivant la règle du gradient comme suit :

$$\omega_{ij}^1(t+1) = \omega_{ij}^1(t) - \eta \frac{\partial J(t)}{\partial \omega_{ij}^1(t)} \qquad (B.10)$$

$$b_i^1(t+1) = b_i^1(t) - \eta \frac{\partial J(t)}{\partial b_i^1(t)} \qquad (B.11)$$

Avec η est une constante positive appelée taux d'apprentissage.

Le calcul des quantités $\frac{\partial J}{\partial \omega}$ et $\frac{\partial J}{\partial b}$ fait intervenir les décompositions ci-dessous :

$$\frac{\partial J(t)}{\partial \omega_{ij}^1(t)} = \frac{\partial J(t)}{\partial U_i^1(t)} * \frac{\partial U_i^1(t)}{\partial \omega_{ij}^1(t)} \qquad (B.12)$$

$$\frac{\partial J(t)}{\partial b_i^1(t)} = \frac{\partial J(t)}{\partial U_i^1(t)} * \frac{\partial U_i^1(t)}{\partial b_i^1(t)} \qquad (B.13)$$

De l'équation (B.5) on déduit que :

$$\frac{\partial U_i^1(t)}{\partial \omega_{ij}^1(t)} = O_j^{l-1} \qquad (B.14)$$

$$\frac{\partial U_i^1(t)}{\partial b_i^1(t)} = 1 \qquad (B.15)$$

En posant, $S_i^1(t) = \frac{\partial J(t)}{\partial U_i^1}$ on obtient :

$$\frac{\partial J(t)}{\partial \omega_{ij}^{l}(t)} = S_i^l(t) * O_j^{l-1} \qquad (B.16)$$

$$\frac{\partial J(t)}{\partial b_i^l(t)} = S_i^l(t) \qquad (B.17)$$

La quantité S_i^l traduit la sensibilité du critère d'optimisation aux changements du potentiel U_i^l du neurone i de la couche l.

Dans le cas où i est l'indice d'un neurone de sortie (l = L), nous aurons :

$$S_i^L(t) = \frac{\partial J(t)}{\partial U_i^L} = \frac{\partial J(t)}{\partial O_i^L} * \frac{\partial O_i^L}{\partial U_i^L} = (O_i^L(t) - d_i(t)) * g^l(U_i^L(t)) \qquad (B.18)$$

Avec

$$g^L(U_i^L(t) = \frac{dg^L(U_i^L(t))}{dU_i^L(t)}$$

Dans le cas où i est l'indice d'un neurone caché (1 < l < L − 1), on peut vérifier aisément que les fonctions de sensibilité satisfont la relation récurrente ci-dessous [Hagan et al. 94]:

$$S^l = G^l(U^l) * (W^{l+1})^T * S^{l+1} \qquad (B.19)$$

Où

$$G^l(U^l) = \begin{pmatrix} g^l(U_1^l(t) & \cdots & 0 \\ \vdots & \ddots & \vdots \\ 0 & \cdots & g^l(U_i^l(t) \end{pmatrix} \qquad (B.20)$$

L'algorithme d'adaptation des paramètres peut se résumer en 3 étapes :

- Propagation du vecteur d'entrée $U^0 = (x_1, x_2, \dots, x_{N_O})^T$ vers la sortie en utilisant les équations (B.5) et (B.6).
- Calcule les fonctions de sensibilités par rétropropagation de l'erreur de sortie à l'aide des équations (B.18) et (B.19).
- Modification des poids et des biais en utilisant les équations (B.16), (B.17), (B.10) et (B.11).

B.2.1 Systèmes flous

B.2.1.1 Notion d'ensemble flou

La notion d'ensemble flou a été proposée par Zadeh *[Zadeh 65]* par l'introduction d'un nouveau paradigme relatif à la transition de « appartenir à un ensemble » à « ne pas appartenir à un ensemble » qui se fait d'une manière graduelle. Cette souplesse de transition est caractérisée par des fonctions d'appartenance (FA) qui offre aux ensembles flous à la fois, une flexibilité dans la modélisation des variables linguistiques et une meilleure représentation des connaissances à caractère vague que nous, les humains, manipulons habituellement. De point vue mathématique, un ensemble flou A, d'un espace d'objets ou de variables U, est défini par une FA, notée μ_A, à valeur réelle dans l'intervalle [0,1] et qui associe pour tout élément x de U un taux d'appartenance μ_A (x) indiquant le degré d'appartenance de x à A.

$$A = \{(x, \mu_A(x)) / x \in U\},$$

Où $\mu_A(x)$ est appelée FA pour l'ensemble flou A et U est considéré comme l'univers de discours.

Avec $\mu_A(x) = 1$ et $\mu_A(x) = 0$ correspondent respectivement à l'appartenance et la non-appartenance totale. Tandis que l'appartenance partielle à une classe peut prendre une valeur réelle comprise entre 0 et 1 ;

Dans ce cas, l'univers de discours est l'ensemble de valeurs que peut prendre la pente. La qualification de cette dernière peut être considérée à la fois comme modérée avec un taux d'appartenance partiel de 0.4 et comme moyenne avec un taux d'appartenance partiel de 0.6.

B.2.1.2 Variable linguistique

L'association de sous-ensembles flous à des termes linguistiques définie sur un domaine de variation quelconque, permet la représentation de connaissances plus ou moins particulières et précises [Zadeh 65].

Une variable linguistique peut être définie comme l'association d'une variable du monde naturel (par exemple la pente du sol) et de plusieurs sous-ensembles flous caractérisant l'ensemble des valeurs (termes linguistiques) que peut prendre de celle-ci (par exemple faible, moyenne, modérée, abrupte, très abrupte).

B.2.1.3 Relations floues

L'objectif de cette section est de fournir une représentation mathématique, basée sur les travaux de Zadeh *[Zadeh 65]* des opérations les plus utilisées sur les ensembles.

-**Intersection floue** : Cette opération sur deux ensembles flous est spécifiée par l'opérateur « ET » et est interprétée comme « A ET B » qui prend la valeur minimum des deux degrés d'appartenance. La figure B.5 illustre une intersection de deux ensembles flous A et B.

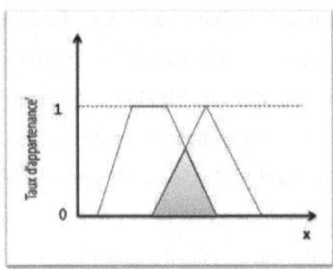

Figure B.4 : intersection flou de deux ensemble flous A et B

Mathématiquement, cette intersection est spécifiée par une fonction T, avec

$$T : [0,1] \times [0,1] \rightarrow [0,1]$$

Et

$$\mu_{A \cap B}(x) = T(\mu_A(x), \mu_B(x))$$

Cette classe d'opérateurs (intersection floue) est généralement mentionnée comme des opérateurs T-norm (triangulaire norme), dont les plus utilisés sont :

Minimum : $T_{min\,(a,b)} = min(a, b) = a \wedge b$

Produit algébrique : $T_{ap}(a, b)$

-Union floue : L'union floue de deux ensembles flous est spécifiée par l'opérateur « OU » et est interprétée comme « A OU B » qui prend la valeur maximum des deux degrés d'appartenance. La figure B.6 illustre une union de deux ensembles flous A et B.

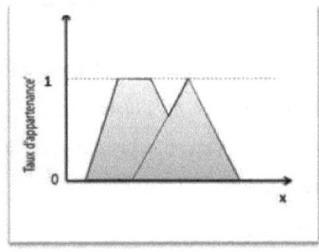

Figure B.5 : union flou de deux ensemble flous A et B

Mathématiquement, cette opérateur est spécifiée par une fonction S, avec

$$S: [0,1] \times [0,1] \rightarrow [0,1]$$

$$\mu_{A \cup B}(x) = S(\mu_A(x), \mu_B(x))$$

Cette classe d'opérateurs union floue est généralement mentionnée comme des opérateurs T-conorm (triangular conorm), dont les plus utilisés sont :

Maximum : $S(a, b) = max(a, b) = a \vee b$

Somme algébrique : $T_{as}(a, b) = a + b - ab$

B.2.1.4 Partition floue

Une partition floue permet une catégorisation colossale du domaine de variation d'une variable linguistique, par des sous ensembles. Contrairement à la partition mathématique où les sous-ensembles sont disjoints deux à deux, l'intersection de deux sous-ensembles flous n'est pas vide, ce qui permet de considérer un fait sous différent aspect, avec des degrés d'appartenance variables.

Les qualités des partitions floues ont été étudiées par plusieurs auteurs. Les plus pertinents présentent un recouvrement significatif avec les voisins et elles sont complètes avec

$$\forall x, \exists i, \mu_{A_i}(x) \neq 0 \tag{B.21}$$

Cette dernière qualité est connue dans la littérature sous le nom de, propriété d'assurance *[Pedrycz 94]*, qui impose à chaque élément d'être affecté à au moins à un ensemble flou avec un degré d'appartenance non nul. A ces conditions, on ajoute souvent une propriété supplémentaire qui est le respect de la sémantique où, les sous ensembles doivent traduire réellement les termes linguistiques qui leurs ont associés.

Les FA gaussiennes, du fait de leur propriété dérivabilité, intéresse plus les cogniticiens que les experts. Ces derniers utilisent plus spontanément des formes trapézoïdales ou triangulaires. Pedrycz a montré l'intérêt de ces dernières pour les systèmes d'inférence floue *[Pedrycz 94]*.

B.2.1.5 Règles floues « Si-Alors »

Une règle floue "Si-Alors" (aussi connue comme règle floue) est de la forme :

$$R_i : \text{Si x est A Alors y est B} \tag{B.22}$$

Avec A et B des termes linguistiques définies par des sous ensembles flous sur des univers de discours respectivement X et Y. Souvent « x est A » est appelé antécédent ou prémisse de la règle, tandis que « y est B » est appelé conséquence ou conclusion de la règle.

L'expression « si x est A Alors y est B » peut être abrégée $A \rightarrow B$. Par essence, cette expression décrit une relation entre deux variables x et y, ce qui signifie que la règle floue « Si-Alors » peut être défini comme une relation floue binaire R sur l'espace $X \times Y$. Dans le cas où A couplé avec B, R peut être interprété par

$$R = A \rightarrow B = A \times B = \int_{X \times Y} \mu_A(x) \,\tilde{*}\, \frac{\mu_B(y)}{(x, y)}$$

Avec $\tilde{*}$ est un opérateur T-norm et $A \rightarrow B$ est utilisé pour représenter la relation floue R

B.2.1.6 Valeur de vérité d'une règle

La valeur de vérité d'une règle indique le niveau d'appariement entre une observation donnée et la prémisse de la règle. Soit par exemple, la prémisse :

$$X_1 \text{ est } A_1 \text{ et } X_2 \text{ est } A_2$$

La valeur de vérité sera notée :

$$\alpha(x) = ET(\mu_{A1}(X_1), \mu_{A2}(X_2)) \tag{B.23}$$

Où ET désigne un opérateur de conjonction qui généralise le ET booléen.

B.3.1 Systèmes d'inférence floue (SIF)

B.3.1.1 Spécificités des SIF

Avec ses modèles flous, la logique floue a connu un succès remarquable dans la description des systèmes complexes. Ces modèles ont la même structure interne et utilisent un mécanisme d'inférence baptisé Systèmes d'Inférence Floue [Yve 99].

De par leur nature, les SIF sont donc utilisables dans des environnements ambigus et incertains. Ce sont des outils puissants de modélisation basés sur un ensemble de théories floues. Ils prennent donc, toute leur place dans les situations où l'humain joue un rôle clé. Un SIF tel qu'il est défini par la figure B.7 procède en quatre étapes principales :

• Une base de connaissances.

• Une interface de fuzzification en entrée.

• L'engin d'inférence ou la logique de prise de décision.

• Une interface de défuzzification en sortie.

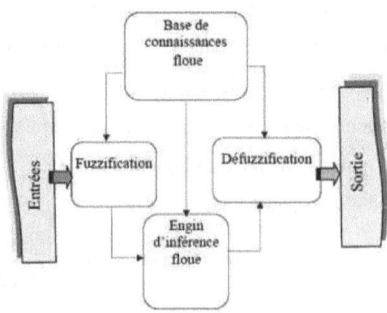

Figure B.6. Structure de base d'un SIF

La base de connaissances floues, constitue le noyau du SIF. Elle contient les définitions des fonctions d'appartenance des variables d'entrée/sortie ainsi que les règles d'inférence floues.

L'étape de fuzzification permet la conversion des valeurs numériques d'entrées du SIF en variables naturelles qui peuvent être traitées par les inférences.

L'engin d'inférence définit la stratégie de contrôle en utilisant les implications floues qui lient les variables d'entrée/sortie. il sert à déterminer le degré de vérité de l'ensemble des règles du système. La valeur en sortie peut prendre une forme floue qui dépend de la conclusion des règles, et l'on parle dans ce cas de règle de type Mamdani [Mamdani 75]. Cette valeur peut être, également, en fonction des entrées, et l'on parlera dans ce cas de règle de type Sugeno [Sugeno 85], qui fut l'un des premiers à construire par apprentissage automatique des SIF conçus en fonction des données. Ces deux types de règle seront détaillés dans le paragraphe suivant.

Et enfin, l'étape de défuzzification consiste à convertir le résultat de combinaisons des règles en une donnée physique bien adaptée au milieu du processus à gérer. Plusieurs méthodes de défuzzification sont proposées dans la littérature. La plus utilisée est celle du centre de gravité qui donne de meilleurs résultats [Lee 90].

3.1.1.1   B.3.1.2 Modèles flous MAMDANI

Le SIF du type Mamdani a été proposée comme une première tentative pour contrôler un moteur à vapeur par un ensemble de règles de contrôle linguistiques et heuristiques. Typiquement, une règle floue pour ce type de modèle aura la forme :

Si X est A Alors Y est B,   B un sous ensemble flou

Mamdani a utilisé le minimum comme opérateur de conjonction et d'implication. L'inférence floue, pour un vecteur d'entrée $X = [x_1, \dots x_n]^T$ correspond aux étapes suivantes:

1- Calcul du degré d'appartenance de chaque entrée aux différents sous-ensembles flous, $\mu_{A_j}^i(x_j)$ pour j=1 à n et i=1 à N

2- calcul de la valeur de vérité de chaque règle, pour i=1 à N :

$$\alpha_i(x) = \min_j(\mu^i_{A_j}(x_j) \text{ j=1 à n} \tag{B.24}$$

3- Calcul de la contribution de chaque règle :

$$\mu_i(y) = min\ (\alpha_i(x), \mu_{B^i}(y)) \tag{B.25}$$

4- Agrégation des règles :

$$\mu(y) = max_i(\mu_i(y)) \tag{B.26}$$

Le résultat (conclusion de la règle) est donc un sous ensemble flou caractérisé par sa fonction d'appartenance.

B.3.1.3 Modèles flous TAKAGI-SUGENO

Le SIF Takagi-Sugeno (connu aussi comme modèle TSK) suppose que la conclusion ne soit pas de type symbolique, mais plutôt une fonction des entrées. Typiquement, une règle floue pour ce type de modèle aura la forme :

Si x est A et y est B Alors z = f(x, y)

Avec A et B deux ensembles flous dans l'antécédent, x et y des valeurs réelles des variables d'entrées et z = f(x, y) est une fonction crisp dans la conséquence. Dans ce cas la valeur de sortie de la règle est donnée par : $\alpha f(x, y)$ où α représente le degré de vérité de la règle.

A titre d'exemple, si on suppose la conclusion :

$$b^i = \sum_{j=0}^{n} b_j^i x_j \tag{B.27}$$

Pour un vecteur d'entrée $X = [x_1, \dots, x_n]^T$, la sortie inférée peut être donnée par les étapes suivantes:

1- Calcul du degré d'appartenance de chaque entrée aux différents sous-ensembles flous, pour j=1 à n et i=1 à N

$$\mu^i_{A_j(x_j)}$$

2- calcul de la valeur de vérité de chaque règle, pour i=1 à N :

$$\alpha_i(x) = ET\left(\mu_{A_1^i}(x_1), \dots \mu_{A_n^i}(x_n)\right) \quad j = 1 \, \dot{a} \, n \tag{B.28}$$

3- Calcul de la sortie du SIF :

$$y = \frac{\sum_{i=1}^{N} \alpha_i(x) b^i}{\sum_{i=1}^{N} \alpha_i(x)} \tag{B.29}$$

y présente le barycentre des conclusions des règles, pondérées par des valeurs de vérité relatives des règles activées. Ainsi, le résultat en sortie obtenue n'est donc pas flou, ce qui permet le passage aisé d'une expression symbolique (base de règles) à sa traduction quantitative.

Ainsi, le choix d'une telle méthode dépend du vocabulaire B^i utilisé. Celui de la méthode Mamdani est limité et correspond à une partition floue de l'espace de sortie. La sortie est un sous ensemble flou obtenu à partir de celui présent dans la conclusion de la règle (par exemple, $B^i = \{faible, modéré, forte\}$). Tandis que la méthode de Sugeno le vocabulaire B^i est quelconque. Par conséquent, un vocabulaire limité facilitera l'interprétation des règles. En d'autres termes, le choix d'un SIF pour une application donnée reste tributaire au type prédéfini de résultat en sortie.

B.4.1 Système neuro-flou

Dans le cas des systèmes non linéaire, les SIF présentent un grand apport dans la représentation des connaissances expertes. Ce pendant, le problème des connaissances humaines sont d'une part ambigües (exprimées en langage naturel) et d'autre part ne peuvent pas être entièrement verbalisées (incomplétude). Il est donc évident de partager la connaissance en une partie structurée qui assurent la bonne interprétation de la description et qui peut être facilement formalisée (base de règles linguistiques) et en une autre non structurée correspondant à une boite noire et qui nécessite un système d'inférence intuitif pour être formalisée. Les réseaux de neurones sont de bons candidats pour cette partie non structurée des connaissances. Dans ce sens, il serait intéressant de disposer d'algorithmes permettant l'apprentissage automatique des paramètres du système flou (FA et règles floues) Ainsi, l'hybridation de ces deux paradigmes dans un système décisionnel, tel que la gestion de risque naturel, ne peut être que bénéfique.

Diverses associations de ces deux approches ont été développées depuis 1988 et sont le plus souvent orientées vers la commande de systèmes complexes et les problèmes de classification. A ce titre, l'intégration des réseaux de neurones et les systèmes d'inférence flous peut être formulée en trois principales catégories : coopérative, concurrentes et hybride. :

Le système neuro-flou coopératif

Il utilise des réseaux de neurones et des systèmes flous associés en série ou en parallèle. Plusieurs variante d'utilisation sont ainsi possibles : Le réseau de neurones fonctionne en amont du système flou. Les variantes d'entrées du système flou sont déterminées a partir des sorties du réseau de neurones (dans le cas ou elles ne sont pas mesurables directement) ou encore un réseau de neurones effectue une tâche de classification ou de reconnaissance de formes, suivie d'un système flou d'aide à la décision. Un réseau de neurones qui fonctionne en aval du système flou, dans le but d'ajuster les sorties d'un système de commande floue a de nouvelles connaissances obtenues, les variables de sorties étant les erreurs sur les variables de sortie du système flou.

Deuxièmement le système en série, qui serait utilisé si la sortie n'est pas convenable pour une relation direct à l'entrée du système flou. Les systèmes post-traitement existent aussi et dans lesquels la sortie d'un système flou n'est pas convenable par rapport direct aux systèmes externes (Figure B.8).

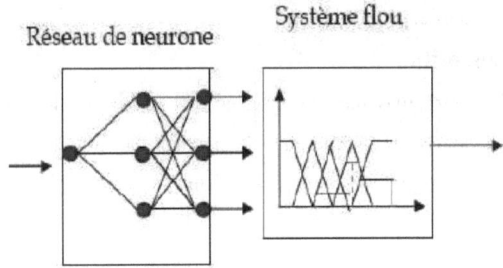

Figure B.7: Système neuro-flou en sériel

On trouve aussi un système neuro-flou parallèle qui fait une coopération entre les réseaux de neurones et les systèmes flous en parallèle en même temps. (Figure. B.9).

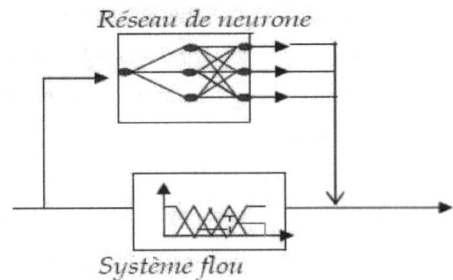

Figure B.8 : Système neuro-flou en parallèle

Plusieurs architectures, mettant en œuvre cette approche hybride, ont été proposées dans la littérature [Lee 05]. Dans les deux paragraphes suivant, nous allons passer en revue trois structures de réseau neuro-flou les plus utilisés, et ceci afin de mieux situer la structure adoptée pour notre étude.

B.4.1.1 ANFIS (Adaptive-Network-based Fuzzy Inference System)

ANFIS est un système flou mis en application dans le cadre des réseaux adaptatifs [Jang 93]. Cette méthode implémente le modèle de TSK, sous la forme d'un réseau multicouche (figure B.10), dont les paramètres ajustables sont ceux des fonctions d'appartenance ainsi que ceux de la conclusion. Elle est performante et largement utilisée dans l'approximation de fonctions non linéaires.

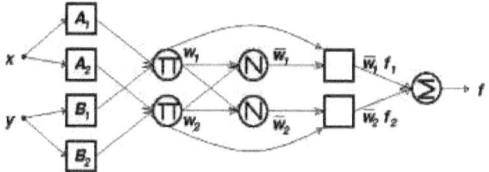

Figure B.9. Architecture ANFIS

B.4.1.2 FALCON (Fuzzy Adaptive Learning Control Network)

IL s'agit de modèle à 5 couches [C.T. Lin et al. 91] et implémente le SIF de type Mamdani (figure B.11).

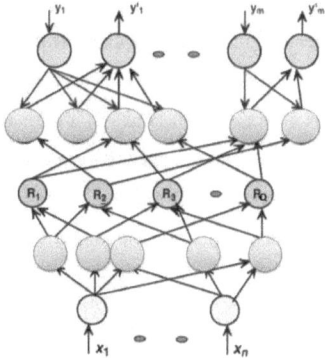

Figure B.10. Architecture FALCON

Il ya deux nœuds linguistiques pour chaque variable en sortie. Une pour les données d'apprentissage y_i (sortie désirée) et l'autre est pour la sortie calculée de Falcon y'_i.

B.4.1.3 GARIC (Generalized Approximate Reasoning Based Intelligent Control)

L'architecture GARIC [Berenji et al. 92] est une interprétation juste de la méthode de Mamdani (figure B.12). Elle est composée de 5 couches et dont la sortie est une valeur symbolique, la première couche cachée stocke les valeurs linguistiques de toutes les variables d'entrées. Chaque unité d'entrée est connectée seulement aux unités de la première couche cachée, qui représente ses valeurs linguistiques associées. La seconde couche cachée représente les nœuds des règles floues, qui déterminent le degré de vérité de la règle en utilisant une opération softmin. La troisième couche cachée représente les valeurs linguistiques de la variable de contrôle de sortie η. Les conclusions des règles sont calculées en fonction de la puissance des antécédents de la règle.

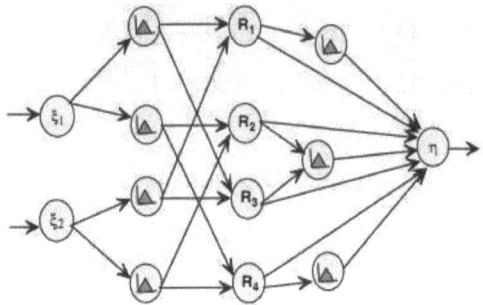

Figure B.12. Architecture GARIC

B.4.1.4 NEFCLASS (Neuro-Fuzzy Classification)

NEFCLASS est utilisé généralement pour la classification, il permet de générer des règles floues à partir d'un ensemble de données qui peut être séparé en différente classes crisp [Nauck et al. 99]. Ce modèle est structuré en 3 couches (figure B.13): une couche d'entrée avec les fonctions d'appartenance, une couche cachée représentée par l'ensemble des règles et une couche de sortie définissant l'ensemble des classes. Ce modèle est facile à mettre en application, il évite l'étape de défuzzification, tout en étant précis dans le résultat final, avec une rapidité supérieure aux autres modèles.

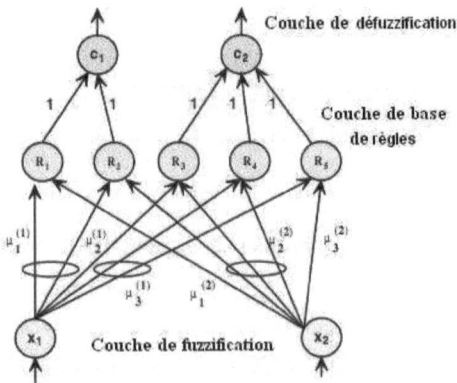

Figure B.13. Architecture NEFCLASS

155

Zeitfracht Medien GmbH
Ferdinand-Jühlke-Straße 7
99095 Erfurt, Deutschland
produktsicherheit@kolibri360.de

Druck:
CPI Druckdienstleistungen GmbH
im Auftrag der
Zeitfracht Medien GmbH
Ein Unternehmen der Zeitfracht - Gruppe
Ferdinand-Jühlke-Str. 7
99095 Erfurt